JN440187

김년균 '사람' 연작시집

숙명

문학사계

캐리커처 · 소설가 金承鈺

| 시인의 말 |

'사람'에 관한 시를 아직도 쓴다.
'사람' 연작시집을 또 만든다.

사람이란 무엇인가.
인격이 주체인 동물. 또는 가장 이지적이고
도덕관념을 갖춘 만물의 영장. 그리고
가슴에 만 섬의 생각을 지닌 이상적 존재.
이렇듯 많은 표현이 필요한 사람에 대해서
사람들은 이상스럽게도 말을 줄여왔다.
어쩌면 누워 침뱉는 격이란 생각 때문일지도
모른다. 그러나 그렇지 않다고 본다.
사람은 어쨌든 사람이다. 사람은 사람이다.
사람은 좋은 의미로든 나쁜 의미로든
자주 이야기되어야 한다. 그래야만 사람도
사람답게 바로잡히게 될 것이고, 사람이
제 역할을 다할 때, 사람의 의미나 가치도
더욱 뚜렷해질 수 있을 것이다.

1979년 10·26 사태가 나고, 세상이 시끄러울 때,
사는 일이 걱정스러워 신문에 발표한 한 편의 시
'사람'이 이 연작시의 시작이었으니까,
벌써 30년에 이른다. 작품 수도 4백 편이 넘는다.
그러나 과연 내가 무엇을 썼는지,
되돌아 짚어 보면 부끄럽기 그지없다.
하지만 나는 이 시를 포기하지 않을 것이다.
이것이 내게 맡겨진 운명인지도 모르겠다.

어쨌든 이 시를 쓸 수 있도록, 직간접적으로
시적 대상이 되어 준 '사람'에게 감사한다.
또한 놀기 좋은 세상에서, 게으름 피우지 않도록
붙들어준 나의 하나님께도 감사한다.

끝으로, 이 시집을 펴내 준 문학사계사의
무궁한 발전을 기원한다.

2009년 10월 1일 저자

김년균 '사람' 연작시집 | 숙명 | 차례

| 일러두기 |

* 작품의 배열은 제목의 가나다 순으로 하였습니다.
* 책 하단 ☆표는 연 가름 표시입니다.

宿命

• 사람 연작시집

가면의 꽃
— 사람

당신의 성품은 괴이합니다.
당신은 모양만 화려할 뿐, 향기가 없습니다.
당신은 꿈이 없습니다.

당신은 하늘보다 세상을 믿고,
의로운 사람보다 악한 사람을 따르며,
길을 거꾸로 걸어갑니다.

아무리 낯설어도 무릎 꿇고 손 비비는
비굴한 사람에겐 마음을 주고, 바르고
정직한 사람은 눈 부릅뜨고 쫓아냅니다.

돈을 보면 돈에 금방 미치고,
권력을 보면 권력에 납작 엎드리고,
여자를 보면 여자에 홀딱 반합니다.

크고 작은 일을 가리지 않고,
앞뒤 형편도 살피지 않습니다.
겉과 속이 확연히 다릅니다. ☆

그래도 명색이 꽃이기에
몸뚱이조차 불태워 버릴 수는 없지만,
등돌리며 침을 뱉습니다.

당신은 장미꽃이 아닙니다.
망초꽃이나 쑥부쟁이꽃도 아닙니다.
개똥처럼 버려진 달개비꽃도 아닙니다.

가면(假面)의 꽃입니다.
위선(僞善)의 꽃입니다.
무지(無知)의 꽃입니다.

이제 돌아갈 시간이 다가옵니다.
가다가 가파른 언덕이나 돌밭을 만나거든
하얗게 부서져 날리십시오.

2009. 5. 9.

가슴
— 사람

가슴엔 늘 바다가 떠 있습니다.
눈만 뜨면 처마까지 몰려와 출렁이는
푸른 바다가 끝없이 떠 있습니다.

육지에서 버려진 생각의 꽃잎들이
낡은 세월의 그늘진 이랑을 타고
바다에 스며들면,

상어 고등어 도미 광어 우럭 명태 꽁치,
싱싱한 물고기들이 그 꽃잎을 주워 먹고
몸이 가려워 껄껄거리며 즐겁게 놉니다.

가슴이 흐린 날, 하늘에서 비가 내리면
바다에는 구슬픈 물안개 자욱이 돋아나서
부두엔 출항을 막는 깃발이 솟아오르고,

가슴이 맑은 날, 하늘에서 햇볕이 내리면
바다의 물결은 금세 황홀한 금빛이 들고,
부두엔 출항하는 배들이 줄을 섭니다. ☆

내 가슴은 초록빛 바다,
잔잔한 물결 위로 꿈 실은 배들이
가득 떠 있습니다.

2008. 8. 31.

객석(客席)에서
— 사람

연극을 보러고 왔습니다.
밀려왔다 밀려가는 거친 세파를 헤엄쳐 가는
사람들이 그리워서 왔습니다.
돌처럼 흔해도 별처럼 높이 하늘에 떠올라
반짝이고자, 목숨 걸고 꿈틀대는
저들의 세상살이가 보고 싶어 왔습니다.

한 치쯤 시간을 잘라다 눕혀 놓은 아늑한 공간,
누군가 무릎 꿇고 버린 꽃들이 바람에 휘날리며
허둥지둥 떠다니고, 길목 어디선가
낯선 사람들이 얼굴을 맞대고 소곤대며
어젯밤 주머니에 넣어둔 이야기를 꺼내 줍니다.
아슬아슬하게 굴러온 세월의 바퀴에 치여
찢어진 저들의 옷가지들이 춤추며 펄럭입니다.

구경꾼의 눈빛이 주위를 환하게 비춥니다.
너도 가고 나도 가는 길을 다 아는 탓인지,
길 너머 또 다른 길이, 구천에 이르는 길이
눈감으면 환히 들여다보이는 탓인지,

저마다 열이 나서 맥박이 솟아오릅니다.
지붕이 터지도록 박수가 쏟아집니다.

아늑한 무대 공간에 저녁노을이 깃들면
쓰러져 누웠던 시간도 일어나 제 길을 가고,
사람들은 아쉬워서 의자에 몸을 부려놓고,
가슴속 억만 생각을 담은 나뭇가지에 앉은
아리따운 새들을 빈 하늘로 날려보냅니다.
새들이 울며불며 산너머로 날아갑니다.
멀리멀리 허공으로 떼지어 날아갑니다.

연극을 보려고 왔습니다.
한편엔 개똥 같은 거짓말들이 득실거리고
또 한편엔 순정한 피가 굽이쳐 흐르는데,
어느 곳도 모른 채 문 밖으로 뛰쳐나와
막막한 모래밭에 숨통을 걸어놓은 사람들,
저들의 세상살이를 보려고 왔습니다.
허리띠 풀어놓고 웃으려고 왔습니다.

2009. 2. 21.

객지(客地)

— 사람

집을 떠나,
세월의 꽁지 따라
둥근 섬,
한 귀퉁이,
어둑한 곳에서
잠시 머뭅니다.

바람 불고, 눈 오고,
하루도 잔잔할 날 없는
가파른 언덕에서,

외롭고 괴로워서
가끔씩 눈물을 흘립니다.

그것이 씨가 되고,
나무되어,
무럭무럭 자랍니다.

눈물의 나무는

오늘도 잘 자랍니다.

2009. 9. 2.

거머리
— 사람

분수를 모르면 큰 병입니다.
자기만 알면 더 큰 병입니다.

그런 자는 천성이 다릅니다.
신체구조가 아주 특별합니다.

여기 거머리를 보십시오.
머리, 얼굴, 눈, 귀, 손, 발, 가슴,
쓸만한 것은 다 없애 버리고,
오로지 남의 것 훔쳐먹을 주둥아리와
남의 물건 채워둘 창자만 남겨두었습니다.

세상 눈치 볼 것 없이,
옳고 그름을 따질 것 없이,
남의 피를 먹으려고 혈안이 되어
호시탐탐 기회만 노립니다.

거머리는 잔인합니다.
거머리는 흉악합니다.

☆

이와 비슷한 사람,
세상에 너무 많습니다.

2009. 7. 16.

건망증
— 사람

흔들립니다. 언덕 위 세찬 바람처럼,
또는 고갯길 넘어오는 수레바퀴처럼,
흔들리고 덜커덩거립니다.

가슴에 넘실대던 생각들이
담 너머로 떨어져 데굴데굴 굴러가고,
또는 부서지고, 깨지고, 산산조각이 납니다.
머릿속 아득한 광야에서
알 수 없는 사건이 벌어집니다.

우리 집 아내와 아랫집 아주머니가
놀라서 쓰러지고, 두려워서 벌벌 떱니다.
비오는 날이나 눈오는 날,
그렇게 흐린 날은 유독 더합니다.

고칠 수 없는 병이라고 합니다.
세상이 가르쳐 준 것이라고 합니다.
심술궂은 악당들이 머릿속을 휘저으며
둥둥 떠다닌다고 합니다. ☆

그렇게 사는 사람들이 길에 널려 있지만,
나는 그와 마주할 자신이 없습니다.

2008. 7. 29.

공해

— 사람

시끄럽게 떠들지 마세요. 말도 안 되는 소리 만들어 거리에 뿌리지 마세요. 구린내 나는 안개를 뭉게뭉게 피우지 마세요. 귀찮고 역겨워요. 이런 일은 전에도 겪어 봤지 않아요. 머리를 쓴 거지요. 수작을 꾸민 거지요. 만만한 사람 찾아 다리 걸고, 멋들어진 연극을 만든 거지요. 아무 죄도 없으면서 당하는 사람 많다지요. 그러한 사기꾼 도둑놈 협잡꾼, 시장에 들끓는다지요. 뻔히 알면서도 그들의 꽁무니를 따라다니는 놈도 줄을 서구요. 돈이면 제일인데, 까짓 검은돈 흰돈 구별할 게 있겠어요. 오늘은 내가 걸렸군요. 어서 말해 보세요. 얼마나 필요하세요. 시끄럽게 할수록 많이 줄 거라고 믿지 말고, 더 시끄럽게 떠들어대면 더 많이 얻을 수 있다고 욕심부리지 말고, 너무 크게 악악거리지 말고, 후회할 짓은 그만하고, 요구하세요. 까짓, 거지에게 적선도 하는데, 몇 푼 못 줄 것 없지요. 더 이상 아는 사람들에게 놀라게 하지 말고, 더 이상 듣는 사람들에게 의심받게 하지 말고, 파란 하늘 따라가는 사람 피말리게 하지 말고, 어서 요구하세요. 좋은 시간 놓쳤다가 후회하며 드러눕지 말고.

☆

아무 일도 없는데 하늘이 노랗다. 아무 일도 없는데 잠이 안 오고, 머리가 흔들리고, 온몸이 발기발기 찢어진다. 내일쯤 지옥에 갈 어느 놈이 발악하며, 한 방 놓은 모양이다. 그냥 가기 싫어서, 행패를 부린 모양이다.

2008. 4. 19.

광대
— 사람

아슬아슬하게 벼랑 위에 섰다.
한 발은 얼음판을 딛고,
또 한 발은 칼날 위에 섰다.
오, 가엾고 안타까워라.

서커스단에 구경을 가면 별일을 다 본다.
어린아이가 공중에서 줄타기하며 놀고,
또는 키 작은 아저씨가 누워서 두 발로
물통을 신나게 굴리며 요술을 부린다.
어떤 사람은 입으로 불덩이를 먹으며
아무렇지도 않은 듯 시시덕거린다.

삶이란 다 같이 서커스 하는 일이다.
시간의 울타리에 갇힌 광대들이
온갖 묘기를 부리며 위태롭게 노는 일이다.
서커스하며 황망하게 사는 일이다.

허영에 들뜬 자여, 요술쟁이 광대여.
천년만년 지나도 변치 않을 이곳에서

이렇게 실컷 살다가,
남은 세월 다 가고 어둠이 깃들거든
철없는 세상살이를 다시금 되돌아 보라.

2009. 6. 30.

굉장하다
— 사람

길에 나서면
억만 시간이 만들어 놓은
허영의 금싸라기들이
보이지 않게 날아다닌다.

산과 들에는
아직도 한창인 꽃과 새들이
색동옷 입고 고깔을 눌러쓰고
저마다 손 흔들며 홍겹게 놀아나고,

산 너머 강 건너 마을에선
형체도 없는 울에 갇힌 사람들이,
허울만 자란 가냘픈 생각들이,
새벽부터 길목에 몰려 나와
허리끈을 조르며 꿈에 부푼다.

제 몸에 서럽게 나붙은 먼지나 이끼,
제 몸을 흠뻑 적신 부끄러움도 모르고,
줄기만 무성한 어설픈 세상,

더욱 고단한 더부살이를 위해
남은 시간을 훨훨 불태운다.

굉장하다.

2009. 5. 20.

귀향
— 추석 풍경

서울 간 아들이 돌아온다.
늙어서 허리 굽은 부모만 남겨두고 홀연히
떠났던 아들이 명절을 맞아 돌아온다.
찢겨진 몸에 신발처럼 꿰어 맞춘 아내와
자식을 거느리고, 오늘은 고향에 찾아온다.
소식이 오래여서 노염이 크지만, 그래도 부모는
아들을 붙들고 위로한다. 별고 없어 다행이라고,
안방에 들어가 무릎꿇고 조상에게 큰절한다.
그간의 나쁜 일들은 다 쓸어내 버리고,
아들이 잘 되라고, 이담은 더욱 잘 되라고,
어머니는 하늘에 종을 치며 밤새워 기도한다.

어머니는 팔십이 넘어도 늙지 않는다. 기다림 때문이다. 젊었을 때 전쟁터에 나간 큰아들은 가슴에 묻었지만, 서울 간 둘째아들은 살아 있다. 그가 돌아온다. 허리만 굽었을 뿐 마음은 청춘인 어머니는, 아침부터 마당가 빨랫줄을 움켜잡고, 먼 산을 바라본다. 산에는 푸른 숲들이 우거지고, 어떤 나무는 어머니를 향해 손짓한다. 어머니의 얼굴에 꽃이 핀다. 옳지, 옳지! 오늘은 아들이 돌아온다! 어머니의 마음은 어느새 하늘에 둥둥 떠다닌다. 그러나 아들은 해가 지고, 밤이 깊어서야 돌아온다. 어머니는 그래도 야속지 않다. 돌아온 것만도 다행이다. 그러나 어머니는 걱정이 컸던 탓인지, 숨이 가쁘다. 밥도 먹지 않고, 잠자리에 눕는다. 아들은 그래도 눈치가 없다. 마음이 깊지 않으니, 그럴 수밖에 없다. 어머니는 이젠 또다른 그리움에 젖는다. 먼저 간 자식 생각이다. 가슴에서 떠난 줄 알았는데, 아니다. 저승길에 들어서야 잊을 모양이다. 하룻밤이 금세 지난다. 하룻밤은 하늘의 시간으론 눈꼽만도 못하나 보다. 꼬끼오, 하고 닭이 울자, 아들은 제사는 제쳐두고 돌아갈 일부터 서두른다. 어머니의 얼굴엔 근심이 가득찬다. 눈물이 그렁그렁 맺힌다. 어머니는 주섬주섬, 곳간에 남겨 놓은 곡식들을 찾아 보따리에 싸며, 눈물도 함께 싸며, 넌지시 유언을 남긴다. "살아 있을 때 잘해야 하느니라. 죽으면 백 번 잘해도 소용없느니라." 어머니는 마음이 편안해진다. 가슴에 담아둔 말을 했으니, 죽어도 여한 없다. 어머니는 하늘에 오를 날을 손으로 재어 본다. 다음엔 저승에서나 아들을 만날 것 같다.

서울 간 아들은 부모가 없으니 마음이 편하다.
이젠 가면을 벗어놓고 거리를 활보한다.
어떤 아들은 부모의 성묘도 밀쳐 놓은 채
골프채 들고 해외로 빠져나간다.
마을 사람들이 손가락질하며 비웃는다.
저승 간 어머니가 한탄하며 눈물짓는다.
하늘에서 비가 내린다.

2006. 10. 20.

길을 간다
— 사람

당신은 오늘도 길을 간다.
어둡고 험한 길을 힘겹게 걷는다.
어제는 울퉁불퉁 솟아오른 산을 올라가고
오늘은 무너져 내린 절벽을 내려온다.
하루도 쉬지 않고 올라가고 내려온다.

당신은 오늘도 길을 간다.
해묵은 세월의 모퉁이서 아침엔 넘어지고
낮에는 부서지고 저녁엔 방안에 드러누워
밤새도록 잠 못 들며 아픈 몸을 매만진다.
상처의 비늘이 처마 밑에 풀풀 날린다.

당신은 오늘도 길을 간다.
아득한 허공에 풍선을 띄운다.
하늘은 메마른 먼지와 물기 젖은 안개와
형체 없는 바람만 막막히 떠돌 뿐
꿈꾸는 새 한 마리 날아들지 않는다.

당신은 오늘도 길을 간다.

평생을 죄진 듯이 허리 굽히며 간다.
병마에 둘러싸인 창자를 움켜쥐고
하루에도 골백번은 문밖을 들랑거리고,
지느러미도 없이 삶의 호수를 떠돈다.

당신은 오늘도 길을 간다.
녹슨 놈 휘어진 놈 부러진 놈 구멍난 놈
헐뜯고 다리 걸고 넘어뜨리고 짓밟고
남의 집 담장 너머로 돌 던지는 놈들,
길목마다 춤추며 떼지어 몰려든다.

산 너머로 해가 지며 빨간 노을을 피운다.
길 건너 교회당에서 십자가가 번쩍거린다.
할머니가 아이를 끌고 교회당에 들어선다.
무슨 죄를 저질렀는지, 할머니의 팔에
붙들린 아이가 넘어질 듯 휘청거린다.

당신은 오늘도 길을 간다.
어둠이 덮쳐와서 옛길을 무너뜨리면

당신은 황급히 불을 당겨 새 길을 열고,
무엇을 할지 방편도 없는 사람들은 또다시
그곳에 몰려들어 새로운 음모를 꾸민다.

2009. 6. 23.

길을 잃다
— 사람

길을 가자면 큰길과 작은길이 있다. 큰길이 넓은 길이요 작은길이 좁은 길인지는 알 수 없다. 항간에선 좁은 길로 들어가기가 낙타가 바늘귀에 들어가는 만큼이나 어렵다고들 하는데, 그 또한 모른다. 요즘에 와서는 어찌된 일인지 큰길이 작은길 같고, 큰길 가기가 더 어렵다고 한다. 세상이 그만큼 달라졌다. 못된 놈들이 그만큼 늘어나고, 그들이 그만큼 어지럽혀 놓은 거다. 길에 어둠이 휩싸여, 어느 길이 좋고 어느 길이 나쁜지, 도무지 분간할 수 없게 된 거다. 그러니 어찌할 것인가. 빛이 없는데, 어둠이 길을 가려 분간할 수 없는데, 어디로 갈 것인가. 아니면 길을 버리고, 꿈도 버리고, 다른 곳으로 돌아설 것인가. 숲이나 늪이 우거진 아득한 곳으로.

아니다.
우리는 길을 찾아야 한다.

2006. 11. 2.

꾀
— 사람

짐승은 재주가 없어 꾀를 모르지만,
사람은 재주가 많아 별의별 꾀를 다 부린다.
꾀가 넘쳐서 탈이요 걱정이다.
꾀는 욕심을 낳고, 욕심은 오만과 독선을 낳고,
독선은 간교함을 낳는다 하는데, 큰일이다.
그래서일까. 어떤 사람은 오장육부를 꺼내 줄 듯이 하며
이웃의 아낙을 홀리고, 어떤 사람은 성질 급하여
당장 허리에 산만한 주머니를 달고 다니며,
약탈을 일삼는다. 어떤 사람은 후일을 기약하며
남에게 씌울 그물을 만든다.
무섭구나 무서워!
더럽구나 더러워!
그들을 생각하면 하늘이 빙빙 돌고 땅이 무너진다.
죽어서도 그런 사람 만날까 싶어, 죽어서도 달아날
준비를 한다. 그러나 살아 있는 날은 살아 있는
목숨이 아까워서, 살아갈 방법을 찾는다.
오늘도 남몰래 마을 앞 언덕의 서낭당에 나와
액막이를 한다. 노랗고 빨갛게 펄럭이는 천을 달고,
귀신도 질겁하고 달아날 깃발을 세운다. 2007. 3. 19.

꼬리
— 사람

눈만 뜨면 문 밖에 나선다.
무엇을 얻을까. 누구를 만날까.
꼬리가 꼬리치며 길가를 맴돈다.
사람들이 비웃으며 지나간다.

그러나 웬일이냐. 걸핏하면 사람들은
꼬리에 멱살 잡혀 늪에 빠지고,
꼬리에 뒤통수 맞아 눈이 빠지고,
꼬리에 발이 묶여 모퉁이에 눕는다.

꼬리를 비웃지 말라.
몸통이 아니라고 얕보지 말라.
꼬리는 팔뚝보다 세다.
꼬리는 가슴보다 깊다.

멍청이들아, 깨우쳐라.
꼬리는 마지막 끝이 아니다.
무시와 경멸의 대상이 아니다.
꼬리는 두려움의 시작이다.

꼬리는 몸의 끝, 마음의 끝,
꼬리는 시간의 끝, 꿈의 끝,
꼬리는 어느 곳이든 끝에 있지만,
그곳에서 거대한 힘은 폭발한다.

히로시마를 덮친 원폭처럼 가공한
위력으로, 또는 신종 플루의 두려움으로
꼬리는 세상을 뒤흔든다.

2009. 7. 30.

낮은 일흔 살
— 사람

일흔 살이 넘으면 별일이 생긴다.
평소에 가깝던 사람들 물러서 가고,
손 내밀어도 손잡아 주는 이 없고,

자식들에게 이래라 하면 듣는 시늉도 않고,
역정이라도 내보이면 콧방귀로 돌아오고,
손주놈에게 되려 따귀만 얻어맞는다.

어찌할 거나. 어찌할 거나.

높으신 몸과 마음은 허공에 뜨고,
넓으신 자리는 한숨이 들끓고,
깊으신 가슴엔 눈물만 고인다.

그렇지 않은 사람은 하늘에서 내려준다.

2007. 4. 28.

노여움
— 사람

비가 회초리를 들고 나무를 때린다.
나무가 아파서 소리친다.
쏴아 쏴아. 우우 우우.
비는 하늘에서 내려온 호랑이.
나무는 세상을 지키는 멍청이.
비는 세상을 넘어뜨리고자 덤비고
나무는 그를 막고자 몸부림친다.
비는 더욱 화나서 돌풍을 앞세우며
천둥 번개를 내리치고,
나무는 겁이 나서 벌벌 떨며 허둥댄다.
비가 왜 이리 사나워졌는지,
비가 왜 이리 노여워하는지,
멍청이 나무는 알지 못한다.
나무 아래 숨은 사람들도 깨닫지 못하고,
걱정만 태산같이 늘어놓는다.
비야, 비야 멈춰라. 노여움을 버려라.

2007. 8. 14.

뇌(腦)와 연극
— 사람

콧물이 난다. 또 감기가 왔나.
코를 풀면 풀수록 콧물이 더욱 흐른다.
이렇게 많은 물이 어디에 모여 있을까.
머릿속에 호수라도 들어 있는 것일까.
약을 써도, 주사를 맞아도 안 되고,
교회에 나가 기도해도 소용이 없다.

그러나 잠자리에 들자, 왠일인지
거짓말처럼 콧물이 뚝 그친다.
뇌의 지시, 뇌의 명령이라고 한다.
뇌가 쉬면 몸도 쉬고, 뇌가 잠들면
몸도 잠드는 것이라고 한다.
신통하게, 콧물이 한 방울도 안 나오고
근심걱정도 떨쳐 버리게 된다.

그러나 아침이 되면, 이상해라.
뇌도 잠깨어 일어났는지,
어제의 생각들을 불러놓고 자리를 편다.
남을 헐뜯거나 뒤통수 치고,

혹은 남의 집 담을 뛰어넘을 음모를 꾸미고,
한바탕 춤추고 놀아날 판을 만든다.

어젯밤 멎었던 콧물도 다시 솟는다.
뇌의 연극, 뇌의 계략이라고 한다.
울퉁불퉁 생김새조차 험상한 뇌,
귀신도 모를 유령이 들어앉은 뇌.
그의 정체를 나는 알 수 없다.

2008. 2. 20.

눈(眼)
— 사람

눈은 안 보인다.
눈은 세상바닥 안 간 곳 없이,
불철주야 떠돌아다녀도
돈이나 권력밖에 안 보인다.

장독 안에 숨겨둔 정수물을 떠다가
몸 씻듯 문지르며 티끌 없이 씻어 내어도
눈은 더럽고 추한 것밖에 안 보인다.

장대에 깃발 달고 우렁차게 꾸짖어도
사람들은 돈 세는 일이나
권력을 휘두르는 연습밖에 못한다.

마음을 비우고, 가슴에 꽃 기르며
세상을 포근히 안아 보려는 기색은 없다.
눈은 그럴 생각은 추호도 않는다.

엣끼, 몹쓸 것!
그리 살아서 뭣하나!

☆

눈은 항상 지렛대에 눌린 듯이 찌그러져 있다.
오장육부가 뒤틀린 듯이 핏발이 서려 있다.

눈은 언제나 달라질 수 있을까.
광부가 갱 속에서 석탄을 캐내듯이,
벌들이 꽃밭을 찾아 꿀을 따내듯이,
달라져야 하는데, 내일 죽더라도
오늘은 사과나무를 심어야 하는데,

눈은 어제 놀던 잔잔한 호수도 버리고,
마음을 비추어 주던 거울도 내던지고,
비틀비틀 허둥댄다. 볼 것은 아니 보고,
못 볼 것만 가려서 본다.

눈이여, 미련한 눈이여, 개똥같은 눈이여,
돌이킬 수 없거든 지체 말고 사라져라.
그리고 성한 눈만 남아서
맑은 세상 찾아보며, 기쁨을 누리시라.

2008. 10. 10.

돌과 돌
— 사람

식물이 아닌 돌에도 씨방이 있는지 알 수 없다.
그러나 바른 생각이 담긴 곳에 씨방이 없을 수 없다.
돌은 밤에 일어나 춤추고, 낮엔 누워서 잠잔다.
돌에도 숨쉬는 씨방이 있기 때문일 게다.
죽어도 죽지 않는 숨결이 있기 때문일 게다.

남을 도와주고 감싸주면 제 몸에서 꽃이 피지만
남을 헐뜯고 괴롭히면 꽃은커녕 창자까지 푹 썩어
산너머 마을까지 냄새가 진동하고, 굶주린 짐승이나
이빨 큰 사냥개들이 밤길 타고 몰려든다.
그 일을 아는 자는 어느 곳에도 보이지 않는다.
다들 미쳤다. 길마다 정신없는 자들이 득실거린다.
몸뚱이 절반은 지옥의 문에 들어서 있다.
지나는 바람조차 기가 막혀 눈을 가린다.

돌 하나가 팽! 하고 날아와 누군가의 머리를 때린다.
어이쿠! 하고 사내가 넘어지더니, 금방 숨을 거둔다.
돌에 안 맞은 자가 껄껄 웃으며, 바보라고 큰소리친다.
오늘은 간신히 넘겼으니, 저만은 다행이다. 2008. 4. 14.

돌멩이

— 사람

떡이 돌멩이가 되었다.
안 먹고 안 만지고 놔두니, 바람이 들어
단단한 돌이 되었다.

돌멩이는 본디 그렇게 되는가.
누군가 만져주고 살펴주지 않은 것은
모두 그렇게 되는가.

버려진 휴지처럼 세상을 떠돌다가
오늘 아침,
내 집을 찾아온 친구 있다.

돌멩이를 등에 몇 섬은 지고,
몇 뭉치는 손에 쥐고,
비지땀 흘리며 껄껄 웃는다.

길을 모르는 멍청이가 되어,
바람만 남은 풍선이 되어,
친구는 허망하게 살고 있다.

2007. 4. 28.

동행
— 사람

만나고 못 만나는 것은 중요하지 않다.
외롭고 힘든 곳에 머물러 있더라도
오는 길이 같고 가는 길이 같으면
그게 더욱 중요하다.

어둡고 구석진 모퉁이나 풀숲 우거진 오솔길에서
만나면 뉜지도 모르고 그냥 지나치더라도
산 너머 강 건너 보이지 않는 곳에 떨어져 있더라도
똑같은 하늘아래 산다는 것이 중요하다.

더러는 빨리 가고 더러는 늦게 가더라도
가파른 땅을 함께 걷고 있다는 것이 중요하다.
나무, 풀, 꽃, 새, 짐승, 할 것 없이
서로가 제 몫을 다한다는 것이 중요하다.

문 밖에 나서면 돌밭뿐인 막다른 곳에서
넘어질 듯 부서질 듯 아슬아슬한 곳에서
하루도 편할 날 없이, 작은 목숨 용케도 견디며

기어이 살아간다는 사실이 중요하다.

2009. 7. 21.

디스토피아*

— 사람

남북으로 갈라진 쓸쓸한 나라에서,
남한의 한 작가가 동료 문인들과 함께 북한에 갔다.
민족의 성지인 백두산에서, 혁명 구호처럼 외치는
시 낭송을 듣고, '이건 아니다' 하고 펄쩍 뛰며
산을 내려와, 시퍼런 펜을 잡고 글을 썼다.
혼자서라도 '캠페인'을 벌이기로 작정했다.

죽을 것은 죽고, 썩을 것은 썩어라.
무지한 문인과 허황된 작품을 찾아내어 도마에 올리고,
용도 폐기된 지식으로 학생들을 가르치고 선동하는
사이비 교수와 위선자들을 찾아내어 둥치를 내리쳤다.
그릇된 시대정신과 주체사상과 실패한 마르크스주의와
사대주의적 지식인을 모조리 비판했다.

디스소피아.
파도가 드높은 바다에 몸을 던진 작은 물고기,
언제쯤 저 넓고 깊은 바다의 밑바닥을 다 파헤쳐서
잔잔한 바다로 잠재우는 큰 고기가 될지,
한편은 걱정이 되어 마음을 졸이고,

또 한편은 부푼 기대로 마음이 들뜬다.

* 디스소피아:홍상화의 장편소설. 한국문학의 좌경화와 일부 작가 및 평론가들의 투쟁노선을 비판하고, 사회지도층의 잘못 인식된 주체사상, 마르크시즘 등을 토론하며, 좌경화의 뿌리와 그 악영향 등을 밝혀 낸다. 작가는 이 소설의 '서문'(작가의 말)에서 〈무한한 민족의 가능성을 상징하는 백두산 천지연 앞에서 "목을 베기에 안성맞춤인 ㄱ자형 낫에 '조국은 하나다' 라고 쓰겠다"는 시를 낭송케 하는 지식인들이 행세하는 나라가 도대체 어떤 장래를 맞이할 수 있겠는가!〉라고 썼다.

2006. 8. 25.

말(言)
— 사람

말은 말(馬)처럼 귀하지 않다.
말은 어디 가나 지천으로 널려 있다.
길에도 마을에도 떼지어 몰려다닌다.

말은 나뭇잎처럼 갈래가 많다.
고운 말 미운 말 착한 말 악한 말
기쁜 말 슬픈 말 짧은 말 긴 말
수많은 말들이 나뭇가지에 올라서
닥지닥지 붙어 있다.

말은 말마다 바퀴가 달려 있다.
보이지 않는 바퀴가 데굴데굴 굴러서
말은 단숨에 천리도 뛰어넘는다.

말은 귀신처럼 변신을 잘한다.
꽃밭에 가면 말은 꽃이 되고,
돌밭에 가면 말은 돌이 된다.
산에 오르면 말은 산이 되고,
바다에 가면 말은 엎어지고 뒤집어지는

파도가 되어, 세상을 어지럽힌다.

말은 곡예사의 손에 든 마술.
말은 시간에 따라 달라지고,
말은 장소에 따라 달라지고,
말은 상대에 따라 달라지고,
말은 기분에 따라 달라진다.

말은 생김새도 달라, 어느 말은 빨갛고
어느 말은 파랗고, 어느 말은 노랗다.
말은 보이지 않아서 붙잡을 수 없지만
등뒤에서 항상 그림자처럼 따라다닌다.

조심하라. 수상한 말을 조심하라.
경계하라, 허황한 말을 경계하라.

2009. 7. 21.

머리

— 사람

손톱만큼도 빛이 없는 수상한 감옥에서
하늘이 놀랄 만한 일을 꾸민다.
눈에 보이지 않고, 짐작되지 않는 일에도
머리는 포기하지 않고 기어이 매듭을 푼다.

낮은 곳에서 높은 곳으로, 또는
낯익은 곳에서 낯선 곳으로 날아다닌다.
굽어진 산길, 절벽과 오지를 가리지 않고
날개에 꿈을 달고 훨훨 날아다닌다.

머리는 오늘도 어김없이 꿈꾼다.
진실과 허구, 이상과 공상, 가릴 것 없이
하늘 아래 모든 것 쓸어안고,
벅찬 가슴에 불을 지핀다.

머리는 이상하여라.
언제나 꿈꾸며 살고자 한다.
살아 있는 동안은 몸이 찢어져도,
눈이 빠져도, 발목이 부러져도,

오로지 꿈꾸며 살고자 한다.

2008. 8. 31.

무늬
— 사람

늦은 가을, 서산마루에 해질 무렵,
낮게 내려온 하늘로 기러기들이 줄지어
어디론지 날아가고 있다.

주걱 같은 부리, 하얗게 서리낀 날개로
꺄욱꺄욱, 똑같은 소리로 노래 부르며,
하늘에 그림을 그리고 있다.

겉으론 보이지 않지만,
보이지 않은 만큼 더욱 선명하게
무늬를 남겨 놓고 있다. 살아온 만큼,
또는 살아갈 만큼의 무게로.

내가 가는 길에도 무늬가 그려진다.
무늬란 보이지 않는 곳에
더 깊이 패는 것인지도 모른다.
그것은 무늬가 아니라 옹어리다.

당신 가슴에 남은 무늬는 더 큰 옹어리다.

시간이 느릴수록 더욱 잘 자라는
돌덩이 같은 응어리다.
긴 세월 견뎌 온 고난의 표적이다.

2008. 4. 23.

무식론(無識論)
— 사람

남의 시를 물어뜯는다구.
그놈, 정신이 반쯤 나간 게 아니야.
시를 물어뜯으면 무엇이 나올까.
피가 나올까. 눈물이 나올까.

생각해 봤나. 그놈도 머리통이 있을 텐데,
겨우 그것밖에 몰라. 곰같이 미련하군.
시란 물어뜯는 게 아니라
삼키는 것이라구. 단숨에, 꿀꺽!

그러면 몸 속에서 금방 새파란 싹이 돋지.
하늘의 해를 보며 무럭무럭 자라나지.
예쁘든 밉든 꽃을 피우지.
크든 작든 열매를 맺지.

시란 것은 바로 그런 거라구.
그것도 모르면서, 백년 묵은 여우처럼 잔꾀를 부리고,
허구한 날, 주제넘게 시를 물어뜯기만 한다면,
도대체 무엇을 얻을 건가. 무엇이 솟아날 건가.

세상의 망망대해를 어떻게 헤쳐나갈 건가.

한심한 놈이야. 미련하고 가련한 놈이야.
수십 년 창 밖을 내다보며 시를 생각했으면서도
잘난 사람들 만나면 큰소리쳐 왔으면서도
그것조차 모른다면, 어디 말이 되나.
잘못 살아온 게지. 시를 잘못 알아 온 게지.
그런 게 분명하지.

요컨대 문학이라는 것은, 즉
살아 있는 나무의 꽃송이거든. 향기롭잖아.
그리고 시라는 것은, 즉
산이나 바다 같은 자연이거든. 웅장하잖아.
그것을 모른대서야 되나.
그건 제대로 된 사람이 아니지.

2008. 9. 7.

발

— 친구

친구가 왔다.

깊은 산속 이끼낀 바위틈을 지나고,
메마른 계절의 아득한 강둑을 지나고,
이름모를 돌멩이들 데굴데굴 굴러다니는
가파른 길과 음습한 숲과 옹졸한 사유와
서툰 문명이 우거진 도시와 마을을 지나고,
하늘가에 버섯처럼 검게 핀 구름떼에 얹혀서
정처없이 떠돌다가 어느덧 스무 고개를 넘어,
오늘 아침 용케도 여기까지 왔다.
"안 계십니까?"
친구가 발로 대문을 걷어찼다.

발은 길을 가려고 살아 있다.
길은 발을 위해서 남아 있다.

2008. 8. 31.

밤에
— 사람

밤은 사나웠다.
여우가 울고, 사자가 울었다.
꿈이 풀썩 주저앉았다.

누군가, 작을 대로 작아진 내 몸을
장대 끝에 대롱대롱 매달고 흔들어댔다.
당장, 떨어뜨려 버릴 듯이.

힘들고 무서워 기절하고 말겠는데,
저들은 되려 시시덕거렸다.
엣끼, 몹쓸놈!

새벽쯤 되어 깨어 일어나니
몸은 방구석에 처박혀 있고,
마음은 산산이 찢어져
천장에 둥둥 떠 있고,

밖은 아직도 안개에 휩싸여
앞이 보이지 않았다.
살 길이 아득했다.

2007. 3. 13.

불안
— 사람

앞치기 뒷치기로 꼼짝없이 당한다.
누가 가르친 교묘한 수법일까.
거꾸러뜨리고, 짓밟고, 올라타고,
숨도 못 쉬게 목을 조인다.

세상은 착한 사람만 사는 줄 알았다.
머리에 꿈 많은 새가 훨훨 날으고,
가슴엔 맑은 시냇물들이 졸졸 흐르고,
창자를 내보여도 부끄럽지 않은 빙어처럼
알짜만 사는 줄 알았다.
당연히, 그런 줄 알았다.

그런데, 그게 아니었다.
언제 태풍이 불어닥칠지 걱정되었다.
벼락이 언제 내릴지 몰라 겁이 났다.
미친놈이 아니어도 흉기를 들고 다녔다.
세상은 당연히, 그랬다.

사람은 너무도 모르며 산다.

앞길도 뒷길도 모르며 걷는다.
그러다가 속아 넘어지기도 하고,
혹은 뒤통수 맞아 피를 흘리기도 한다.
사람은 언제나 불안 속에 산다.

2008. 4. 27.

비(碑)
— 사람

길을 한 번 지난다.

오는 길과 가는 길이 다르다. 길을 떠난 지 10년이 지나서야 깨닫는다. 너의 삶은 독특하고, 이상하다. 겉으론 꽃처럼 몽실몽실 피어오르지만 안을 들여다보면 아무것도 보이지 않는다. 있지도 않고 없지도 않은 기이한 형체, 귀신도 곡할 노릇이다. 네가 왜 죽었는지, 아는 사람이 없다. 누가 죽였는지, 스스로 죽었는지, 그조차 모른다. 가슴이 답답하여 생각을 덮는다. 죽음은 그렇지만, 살았을 때의 일은 덮을 수 없다. 휴지처럼 길가에 널려 있기 때문이다. 남녘의 갯마을에서 태어난 너는 일단 출세한 사람이다. 너는 목숨을 끈질기게 사랑하여, 백 살까지 살 자신이 있었다. 어려서 사서삼경을 마쳤을 정도로 영특했고, 젊어서 공부도 많이 했지만, 그게 인격은 아니었다. 바다를 곁에 두고 살아온 탓인지, 너는 욕심이 유독 많았다. 특히 권력과 돈과 여자를 탐했다. 권력은 욕심대로 되는 게 아니었지만, 돈과 여자는 가능했다. 재벌처럼 큰돈은 아니더라도, 돈깨나 있는 알짜배기들을 용케도 찾아내어 청산유수로 마음을 홀리면, 주머니를 털어놓지 않을 자 없었다. 어쩌다 큰 회사의 간부 자리라도 차지할 양이면, 기둥까지 뽑아 버렸다. 너는 또 기골이 장대한 장사였으므로, 여자 몇 명은 거뜬히 거느렸다. 너에게 걸려든 여자는 대개 돈 많은 과부라서 나이가 지긋했지만, 젊고 섹시한 애들도 있었다. 돈과 여자는 너에겐 두 마리 토끼였다. 언젠가 여자를 잘못 건드렸다가 봉변을 당한 일이 있지만, 원숭이가 나무에서 떨어진 것처럼 너에겐 어처구니없는 실수였다. 때문에 너는 이웃들에게 짐승 취급을 받았지만, 그것도 세월이 씻어 주었다. 그래도 엄연한 사실이어서, 너의 가슴은 늘 고무줄처럼 팽팽해졌다. 지나는 사람마다 눈을 똥그랗게 뜨고 뒤통수에다 손가락질을 해대는 것 같았으므로, 자라에게 놀라면 솥뚜껑만 보아도 놀란다고, 너는 아무 일에나 깜짝깜짝 놀라며, 품 속에 숨겨둔 비밀이 들통날까봐 조마조마했다. 실제로 너는 어느 화창한 봄날, 꽃구경하려고 거리에 나갔다가 해맑은 햇빛을 보자, 간이 콩알만하게 줄어든 일이 있다. 그때 줄어든 간은, 세월이 가도 늘어나지 않았다. 장사인 너도 별수 없었다. 세상살이가 편할 날이 없었다. 너는 사람이 아니었다. 원숭이나 다람쥐만도 못했다. 원숭이나 다람쥐는 산이나 나무를 오르내리며, 숨고 싶으면 숨고 달아나고 싶으면 달아날 수 있지만, 너는 그렇지 못했다. 안개 속에 갇혀서 살다가, 어느 날 살며시 이승 밖으로 사라져 버렸다. 너는 이제 세상에는 없다. 나는 오늘, 길가에 걸려 있는 창문을 열고, 네가 지나던 길을 내다본다. 구불구불 이어진 길, 낡고 때묻고 어둡침침한 길, 너의 팔에 돈과 여자와 권력이 끌려다니던 길, 그 길을 한참 바라보노라니, 웬일인지 네가 돌연 나로 변한다. 나는 내가 아니다. 나는 바로 너다! 그러자 길 가던 사람들이 나에게 침뱉으며 욕설을 한다. 개새끼! 날강도! 바퀴벌레! 사이코패스! 욕설은 끝이 없다. 죽어서도 영원히 썩지 않을 게 뻔하다. 길에는 역한 냄새가 진동하고, 사람들은 옷과 신을 벗어 길 밖으로 내던진다. 이제야 겨우, 하늘의 뜻을 알아차렸나 보다. 나는 창가에 스미는 저녁노을을 보며, 그 길에 비를 세운다.

아무 일도 없었다.

2009. 1. 29.

병동

— 사람

사람이 모였다. 산이 모였다.
걱정이 모였다. 구름이 모였다.
돈이 모였다. 돌이 모였다.

슬픔이 쌓였다. 달빛이 쌓였다.
구경꾼이 쌓였다. 바람이 쌓였다.
외롭고 힘들어도 문밖에 쌓였다.

날개 부러진 새들이 밤새워 운다.
그믐달이 떴다. 근심 속에 묻혔다.
바람이 울었다. 바다가 출렁였다.

2006. 5. 29.

빈자(貧者)를 위하여

— 바라나시에서

사는 게 어렵고 힘들었구나.
저녁이 오면 되려 두려웠구나.
잠자리에 들어도 잠은 안 오고,
슬픔만 무럭무럭 자라났구나.

세월이 또 한번 출렁거렸거나
바람이 펄펄 날며 간섭하였구나.
그들의 농간에 놀아났구나.

아침에 일어서면 하늘에서 돕는다 하고
저녁에 일어서면 하늘이 버린다 하는데,
하늘이 버려서일까. 손목에 이끼가 돋고,
발에 안개가 덮였구나. 마음뿐 아니라
몸뚱이까지 갈가리 찢어졌구나.

그러나 지구가 둥근 것처럼 세상도 둥글고,
사람도 둥글고, 꿈도 둥글어 빙빙 돈다고 한다.
너의 꿈도 둥글어, 어느새 뜨락에 햇볕 들면
어둠과 슬픔이 달아나고,

그리운 별들이 몰려들겠지.

네가 지나는 길에 아름답고 향기로운 꽃
흐드러지게 피고, 만나는 나무마다
열매들이 주렁주렁 열리겠지.

하늘도 기뻐하며 웃어주겠지.

2008. 6. 28.

사람이 변하면
— 사람

가슴에 별 하나 없더라.
몸 속에 피 한 방울 돌지 않더라.
숨쉴 수 없는 돌이 되었더라.

어디서 깨달았을까, 야욕이 넘치더라.
누구에게 배웠을까, 오만 방자하더라.

군살 돋은 손에 시퍼런 칼을 들고서
가시돋친 머리엔 굽어진 생각을 담고서
걸핏하면 남의 생살을 찢어 놓고,
걸핏하면 남의 집에 흙탕물을 퍼부으며
행패를 부리거나, 울타리를 무너뜨리고,

비뚤어진 눈, 코, 입, 귀, 얼음장같은 심장,
벌거벗은 몸뚱이, 부끄럽지도 않은지
당당히 드러내고, 하루도 쉬지 않고
거리를 떠돌더라.

이럴 수도 있더라. 사람이 변하면

잡귀가 되더라. 사람이 변하면
짐승이 되더라. 사람이 아니더라.

가슴에 별 하나 떠 있지 못하고,
송장이 되었더라. 문 밖에서
썩은 냄새가 물씬 나더라.

2008. 1. 17.

사부곡(思父曲)
— 사람

내가 젊었을 때,
시골집 툇마루에 신 벗어놓고
떠나가신 아버지,
어디로 가셨을까.

하루도 못 잊어서,
손바닥에 얼굴을 그려놓고
안부를 묻다가, 하늘 맑은 날
묘지 찾아 꽃씨를 뿌렸는데,

수십 년 지나도록 소식 없더니,
요즘 와서 돌연, 잎 피고 가지 돋고
꽃이 활짝 피었다.

왜 그랬을까.
자식을 버리려고 세월만 보내다가
못 참고 못 견디어 돌아섰을까.

그 꽃이 바람결에 손 흔들며

활짝 웃는다.
웃는 듯이 손 흔들며 자꾸 운다.

2008. 6. 2.

새의 웃음
— 사람

십자매 한 쌍을 사다 놓고 마음이 설렌다.
남의 집에 이사 온 줄도 모르고, 철조망 속에서
십자매는 짹짹짹 짹짹짹 하고 이상한 소리를 낸다.
이게 무슨 소리인가. 울음소리인가, 웃음소리인가.
그래도 우리 집 손녀를 생각하니 마냥 즐겁다.

문밖에 나들이할 때 가끔 만나는 다른 새들,
나뭇가지에 매달린 새들을 보면 호들갑을 떨던
우리 집 손녀 예림이가 얼마나 좋을까 생각하니,
웃음이 절로 나온다. 그러한 새를 곁에 두고,
이젠 놀려대거나 만져보기도 보고,
혹은 꼼짝 못하게 혼내 줄 수도 있게 되었으니,
천하를 얻은 것이나 다름없다.

세월은 언제나 지체없이 쏜살같이 달아나고,
그에 목을 맨 사람들은 겉으론 괜찮은 척하지만
안으론 성한 것 없이 부서지고 찢겨져서
하늘마저 내버린 종(從)일 따름인데, 이리 굽실
저리 굽실, 무릎 꿇고 손 비비는 종일 따름인데,

그래도 사람들은 꿈을 놓지 않는다.

새들은 그것이 우스워서일까,
오늘도 나뭇가지에 매달리며 소리지른다.
짹짹 짹짹짹, 짹짹짹 짹짹,
이게 무슨 소린가. 기쁜 소린가, 슬픈 소린가.
닳고 해진 세상구석을 두루 살폈다 하여
조롱하는 것인가, 꾸짖는 것인가.
아무도 알 수 없고, 눈치조차 못 챈다.

그래도 예림이는 신나겠다.
새의 얼굴은 만고의 절색.
새의 날개는 무한의 비상.
새의 가슴은 미지의 철학.
새의 노래는 천상의 해학.

이런 새를 곁에 두고 살아가자면
그의 뜨락엔 해가 쨍하고 솟겠지.
처마 밑 그늘진 곳에도 오색 무지개 뜨고,

랄랄랄 랄랄랄, 노래 부르며
어느덧 새가 되어 하늘을 훨훨 날겠지.

2007. 10. 13.

새의 죽음
— 사람

우리 집 아파트 발코니 새장에 갇혀 살던
십자매 한 쌍, 그 중 한 마리가
어젯밤 갑자기 죽었다.

살아 남은 한 마리가 밥도 안 먹고,
죽은 놈 앞에 무릎꿇고 앉아
가끔씩 짹짹짹, 하고 서럽게 운다.

할머니의 울타리 안에 갇혀 살던
다섯 살배기 손녀 예림이가 이를 보고
'불쌍해서 어떡해!' 하며 징징 운다.

다섯 살밖에 안 되어
머리에 생각도 안 들었을 텐데,
벌써 죽음을 안다.

죽음은 정녕 두려운 것이다.
천하를 주어도 돌이키지 못한다.
어떤 대책이 필요하다.

2009. 3. 14.

서울에서
— 사람

내가 아주 젊었을 때,
문 밖에 서릿발 내리던 늦가을 오후,
짓밟힌 낙엽조차 달아나 버린 텅 빈 시간에
나는 홀로 철새가 되어, 눈발처럼 날리며
서울에 왔다.

서울! 종로나 명동의 좁다란 길목엔
허영에 들뜬 발길과 형체 없는 바람이
거침없이 몰려들어 겹겹이 쌓여 있고,
제 몸을 지탱하는 눈동자나 손발, 또는
감춰 놓은 옷가지까지 남김없이 꺼내 들고
사람들은 새벽부터 집을 뛰쳐나와 뚝섬이나
한강의 고수부지 돌밭을 서성대고,

내 몸도 내것이 아닌 다른 것이 되어
이리 저리 어둡고 거친 길을 허둥대다
이윽고 낮은 곳 모퉁이에 드러눕고,

그럴 때마다, 남산의 짙푸른 산자락에 누워

산마루를 쓰다듬던 하얀 구름은
할머니의 따스한 손길처럼 정겨웁게,
해 지면 달밤에도 머리맡에 찾아들어
찢어진 상처를 어루만져 주고, 혹은
작은 가슴에 풍선을 띄워 주었다.

그 후 사십 년,
금세 흘렀다.

2007. 5. 17.

선물
— 사람

우리 집 왕인 손녀와 함께 놀다가,
즐겁게 놀다가, 내가 기습당했다.

손녀가 갑자기 내 팔뚝을 물어뜯은 것.
아야얏! 돌발적인 사고였다.
상처진 곳을 닦아내고, 약을 바르는데도
손녀는 미안한 기색은 조금도 없이,
오히려 당당하게, 눈 부릅뜨고 노려본다.

이유가 있겠지, 하는 생각이 들어
나는 손녀의 손을 잡으며 물었다.
"왜 할아버지를 물었니?"
손녀는 기다렸다는 듯이 대답했다.
"할아버지가 좋아서 그랬지!"

이 순수한 사랑의 비의(秘義).
절박한 정염(情炎)의 메타포.

내가 왜 그걸 몰랐지.

그건 상처가 아니라 훈장이었다.
우리 집 왕이 준 귀한 선물.

2007. 5. 30.

손

— 사람

한 곳에 잠시도 머물지 못한다.
어느 곳을 갈까. 무슨 일을 할까.
손은 늘 욕심대로, 저 하고 싶은 대로,
만능의 자유를 꿈꾼다.

손에 붙들려 빈털터리로 눕거나
청맹과니가 된 사람 있는가 하면,
손을 붙잡고 활개치며, 훨훨
날아다니는 사람도 있다.

세상이 좁으니, 별의별 사람과
별의별 일들이 길마다 널려 있다.
모두가 손에서 놀아난다.
눈뜬 자여, 경계하라.

손에는 날카로운 발톱이 숨어 있다.
손에는 흉측한 칼과 도끼가 숨어 있다.
손에는 무서운 귀신이 숨어 있다.

☆

그뿐이 아니다.
손에는 날으는 새가 숨어 있다.
손에는 무궁한 우주가 숨어 있다.

2008. 8. 29.

숙명
— 사람

속세의 길목에 반질거리던 얼음판 깨어지고
잠겨진 문틈으로 따스한 바람 솔솔 스며들 무렵,
몸 가릴 잎새 하나 없이 울퉁불퉁 몸뚱이에 돋은
가지마다 소름이 끼치도록 주먹을 불끈 쥐고,
남의 귀에 안 들리게 큰소리치며
목련꽃, 한 그루 활짝 피었다.

남보다 일찍 일어나 새벽부터 몸 씻고 화장하고
그렁그렁 눈물 같은 이슬 머금은 꽃잎들,
마주친 사람마다 감격하여 가슴이 휑하게 뚫린다.
그러나 쏜살같이 날으는 세월의 잣대로 보면
한 치도 안 되는 몹쓸 자투리, 그 한 자락 붙잡고
무엇을 얻으려고, 하늘땅 무너지고 재앙이 들끓는
이곳에서 무엇을 꿈꾸려고, 서둘러 나섰다가,

오가는 세월의 틈새, 혹은 그늘진 뜨락에 가엾이
떨어져 누워, 눈감고 가슴속에 꿈을 묻는다.
가는 이여 짓밟아라. 오는 이여 팽개쳐 버려라.
지나는 거리마다 해뜨고 꽃피고 새 울어도

잠시일 뿐, 돌아보면 숨결 하나 남지 않느니,
하늘이 품은 뜻을 세상이 어찌 알랴.

2007. 4. 17.

스트레스
— 사람

길을 나서면 발을 걸거나 목덜미 잡는 자, 꼭 있다.
남에게 괜히 심술을 부리고 싶어 날뛰는 자,
남이 넘어져 죽는 꼴을 보고 싶어 몸서리치는 자,
사촌이 땅을 사도 배가 아파 눕는 자,
그런 자들은 심보가 열두 번은 뒤틀려 있다.
욕심이 산마루 같고, 슬퍼도 눈물 한 방울 없고,
교만이 가마솥처럼 부글부글 끓어오른다.

걸핏하면 역정내며 시비를 걸고, 걸핏하면 남의 집
담을 뛰어넘어 벼락을 치고,
어찌하면 남들을 쓰러뜨릴까, 어찌하면 남들이
저 앞에 납작 엎드리며 가진 것 다 내놓게 할까,
눈만 뜨면 궁리한다.

염통과 허파가 풍선처럼 부풀어오르고,
하늘이 두렵지 않고, 살빛이 피처럼 붉은 자,
요즘 가끔 만났다.
언제나 문 앞에서 서성댔다.

☆

모기나 빈대는 아닐까. 혹은 잡귀가 아닐까.
남의 피를 빨아먹으려고 혈안이 된 모기,
남의 집 문틈에 숨어서 기회만 노리는 빈대,
남의 정신을 빼앗으려고 요술부리는 잡귀,
그리고 세상을 어지럽히려고 팔 걷어붙인
사기꾼, 도둑놈, 이기주의자, 성격파탄자.

어느 날 그가 죽었다. 얏호!
누군가 그의 등에 쏘라고 건네 준 쌍권총 들고
케리쿠퍼나 존웨인이 스크린에서 쏘던 것처럼
탕탕탕탕, 누군가 속시원히 그를 향해 쏘았다.
그는 등신처럼 말 한 마디 못하고 쓰러졌다.
옷도 갈아입지 않고 땅속에 들어갔다.

그를 묻고 돌아오며 나는 웃었다.
오랜만에 홀가분하게 마음을 털며 웃었다.
그런데 웬일일까. 아직도 세상을 안 떠났을까.
그가 쓴 밥그릇, 숟가락, 젓가락, 옷가지, 신발,
그의 손, 발, 머리, 숨결들이 어느결에 나타나

나를 괴롭힌다. 흐린 날이나 한적한 밤이면 뼈마디가 쑤시고, 몸뚱이가 뒤틀린다.

2007. 7. 22.

시간 앞에서

— 사람

먼저 밟아야겠다. 아니면 내가 밟힐 것이니,
몸 씻고 정성 들여 모실 일이 아니다.
이제는 두 눈 질끈 감고, 너의 가랑이에 다리 걸고,
쿵! 넘어뜨려, 피가 나든 다리가 부러지든
작살을 내고, 돌아서야겠다.
내 몸에 묻어난 너의 숨결을 훌훌 털어 버리고,
어느 한가한 그늘 또는 손톱 같은 벼랑에라도
찾아가 누워, 한잠 늘어지게 자야겠다.
그땐 근심걱정도 사라지리라.
한때는 너를 친구로 믿고, 너와 함께 지낼만한
고대광실도 꿈꾸었지만, 부질없다.
세상에 믿을 것은 아무 것도 없다.
마주하면 너는 꽃처럼 웃으며 나를 속이지만,
잠시라도 눈을 팔면 너는 나를 해치려고
언제나 칼을 간다. 너의 혹심은 무엇인가.
너의 가슴엔 실없는 허위만 가득하다.
그러니 어쩌랴. 내가 먼저 밟아야겠다.
너의 품에 숨겨진 칼을 맞고 쓰러지기 전에,
내가 먼저 때려눕히고, 돌아서야겠다.　　2007. 12. 11.

시론(詩論)
— 사람

시는 위태롭다.
시의 몸은 차고, 발길은 무겁다.
시의 꿈은 요원하다.

어떤 이는 시의 얼굴에 침을 뱉는다.
어떤 이는 시의 목을 비틀고,
어떤 이는 시의 팔을 사정없이 부러뜨린다.
어떤 이는 눈알이 뒤집혀서 시를 잡아먹는다.

큰일이구나. 망조로구나.
이러다 세상이 거꾸러질지도 모르는데,
해가 영원히 바다에 빠져 버릴지도 모르는데,
사람은 앞가림 뒷가림을 못한다.

머리가 있어도 생각지 못한다.
눈이 있어도 보지 못한다.
가슴이 있어도 열지 못한다.
손이 있어도 쓰지 못한다.

☆

시가 외로워, 온종일 바람 속을 떠돌다가
밤늦게 돌아와 간신히 몸을 뉘이면,
어둠 속에서 산울림이 울린다.
욕하는 자들이 아직도 발광한다.

시는 위태롭다.
시는 더 이상 살 수 없을 것 같다.
금방이라도 숨통이 끊어질 것 같다.

2007. 5. 5.

시인
— 사람

작은 눈으로 바라본다.
손톱보다 작고 쓸쓸한 눈으로
넓고 깊은 세상 속,
사람들이 들끓는 화려한 거리,
세월이 지쳐 누운 그 거리를
시인은 샅샅이 살펴본다.

밝은 곳에서 어둔 곳까지,
넓은 곳에서 좁은 곳까지,
기쁨이 일어서 춤추는 곳에서
슬픔이 엎드려 우는 곳까지,

햇빛을 가리려고 어둠 쌓인 곳에서
어둠을 밝히려고 햇빛 쌓인 곳까지,
시인은 거기에서 주운 생각들을
하나도 버리지 않고, 주머니에 담았다가
가슴속 외진 뜨락에 겹겹이 묻어 둔다.

신기한 것들이 넘친다.

철지난 과일처럼 말라비틀어진 것이나
썩어서 똥물이 질질 흐르는 것들도
뜨락에 가득 굴러다닌다.

가엾어라. 마주선 황천길도 보지 못하고,
제 몸을 꽁꽁 묶은 사슬도 알지 못하고,
허리춤을 매지 않은 청맹과니들,

아침엔 해를 보며 즐거워하지만
한나절도 못 가서 멍청이가 되어,
얼굴 없는 광대로, 손발 없는 허수아비로
길 밖을 서성이는 외돌토리들,

그뿐인가. 꿈꾸듯 허물어진 옛길에 나서면
황토빛 노오란 삼베옷 입고,
눈물 젖은 옥양목 두루마기 걸치고,
머리에 두건 쓰고, 굽어진 지팡이 짚고,
북망산을 따르는 서러운 이들,

☆

비탈진 산등성이 아래 그늘진 골목에선
아랫마을 할아버지, 윗마을 할머니들이
오늘도 줄줄이 모여, 비바람에 쫓겨다니며
알 수 없는 헛소리만 늘어놓는다.

모두 빨갛게 익었다.
가을이 오기 전에 벌써 익었다.
그 열매에 깃든 근심, 걱정, 슬픔, 고통
한아름 안고 밤새껏 문밖을 헤매다가,

마침내 비가 되면 비로 쏟아져 내리고,
눈이 되면 눈으로 풀풀 날아서,
홍수가 지고, 눈사태 나면,
시인은 가던 길을 버리고 돌아선다.

하늘가에 뻗친 강으로 가서, 낯선 배 타고,
강 끝까지 갔다가 한적한 곳에 내려,
맑은 세상 꿈꾸며 손씻고 일어서는
사람을 기다린다. 강물이 마를 때까지. 2008. 7. 16.

시인의 마을
— 사람

시인의 마을에 산다.
빗방울 하나 없는 모진 가뭄에도
시인의 눈물이 있어
냇가엔 물이 마르지 않는다.

마을의 길목에 바람이 불면
시인은 두렵고 수줍어서
바람에 찢겨 펄럭이는 울타리
사이로 몸을 숨기고,

마을의 들녘에 꽃이 피면
시인은 꽃술에 모여든 벌 나비에게
알몸을 몽땅 맡겨,
심장에 구멍이 숭숭 뚫린다.

시인은 정에 불탄다.
시인은 꿈에 불탄다.

길에서 돌을 만나면

돌처럼 굴러간 친구가 애처로워
발길이 연신 휘청거리고,

산에서 구름을 보면
구름처럼 흘러간 누이가 그리워
꽃잎이 가슴에 풀풀 날리고,

밤이면 고요히 창가에 누워
흘러간 세월을 돌아보며
시인은 밤새도록 베개를 적신다.

창밖에 숨은 꿈들은 저마다 병들고,
천년이 지나도 나을 수 없으련만,
아무리 외로워도 외롭지 않고
아무리 괴로워도 괴롭지 않은

시인의 마을에 산다.
눈물의 마을에 산다.

☆

하늘까지 마르는 모진 가뭄에도
마르지 않고, 냇물이 철철 넘쳐흐르는
신기한 곳에서 산다.

2008. 7. 16.

신통한 경험
— 사람

서로가 서로를 지독히 싫어하며
울퉁불퉁한 감정의 울타리에 갇혀
수삼 년은 지내온 사이인데,

원수가 외나무다리에서 만나듯
막다른 길에서 서로 마주치자
하나가 얼떨결에 돈 몇 푼을 건네준다.

그런데 글쎄, 신통하여라.
상대가 돌연 꼿꼿한 몸을 눕히며
감정의 울타리를 허물어버린다.

돈은 꽃이다.
돈은 향기다.

2009. 8. 27.

싹

— 사람

나를 언제나 제 맘대로 움직일 수 있는 사람.
손가락 하나로도 나를 벌떡 일으켜 세울 수 있고,
아무리 거창한 태풍이 불어와도 꿈쩍 않는
나의 옹고집도, 단번에 꺾어 버릴 수 있는 사람.

세상에 온 지 몇 해 안 되어서인지
너무 여리고 작아, 눈에 잘 띄이지 않지만,
혹시나 눈길이 닿으면 가슴이 벌렁거리도록
두렵고 무서운 아이. 우리 집 예림이.

그래, 싹은 미래의 희망이다.
기둥을 세우는 강철이다,
어둠을 덮는 태양이다.

2008. 10. 25.

아기별
— 사람

새벽 세 시가 넘어도 불 꺼지지 않는 방,
그 방에 사는 사람은 지금 무엇을 할까.
장차 장수처럼 칼 들고 쳐들어올 거센 바람
미리서 막고자, 또는 스승이 넘던 산모롱이
비탈길 자갈길 저도 뛰어넘고자,
어둠이 활개치는 황량한 벌판에서
여린 몸 다지려고, 눈 부릅뜨고 있을까.

그 방에는 별이 숨어 있다.
아직은 잎이나 가지가 돋지 않은 아기별,
그러나 새벽까지 저 홀로 불 밝히며
해를 기다리는 희망찬 샛별,
그 별은 바닷가 파도를 막는 방파제처럼
아무리 거친 물결이 밀려와서 부딪쳐도
부서지지 않고 물러서지 않는
시간의 둑을 만들고 있다.

2007. 9. 2.

악의 꽃
— 사람

친구가 죽었다.
하늘에서 내려준 유령의 총에 맞아 산화했다.
남의 뒤통수를 치거나 뒷다리 걸어
넘어뜨리기를 일삼던 친구, 사촌이 논을 사도
배가 아프던 친구, 생각이 구름 같고
욕심이 산봉우리 같던 별난 친구,
어제도 시퍼런 칼로 죄 없는 거리를 휘젓고
다니더니, 하필이면 오늘같이 좋은 날,
온몸이 갈가리 찢어져 나뭇가지에 걸려 있다.
뼈는 부서져 날아가 버리고, 피묻은 살점들이
팝콘처럼 톡톡 튀며 사람들의 눈 속에 파고든다.
보라, 악의 종말은 이러하느니,
다른 길에 또 있거든 얼씬 못하도록
앞뒷문을 걸어 잠그고,
마당에도 길목에도 소금을 흠뻑 뿌려라.

2007. 8. 1.

악동(惡童)의 노래
— 사람

길을 가다가 악동을 만났다.
바람에 쫓겨난 돌멩이처럼 겉으론 가냘프지만,
안으론 거친 힘살들이 불뚝불뚝 솟구치는
작은 거인.

그는 노래를 잘 불렀다.
처음엔 감미롭고 신비로웠으나 그게 아니었다.
그의 노래는 투박하고 감정에 복받쳤다.

그는 아침마다 내 집에 나타났다.
이슬을 말리는 햇살을 등에 업고,
목청을 돋우며 노래를 불렀다.

집이 시끄러웠으나 그는 막무가내였다.
듣기 싫어도 노래를 들을 수밖에 없었다.
그의 노래는 담을 넘어 마을까지 들렸다.
사람들이 모여들어 기웃거리며 수군댔다.

그래도 그는 아랑곳하지 않았다.

노래는 차츰 음정도 박자도 잃어버렸다.
음정은 귀청을 때리고 박자는 살을 찢었다.

집에는 마침내 태풍과 해일이 휘몰아쳤다.
기둥이 넘어지고 지붕이 날아갔다.
가구가 부서지고 식구들이 도망쳤다.

악동은 착할 수 없다.
그의 노래는 즐거울 수 없다.
악동은 거인이 아니다.
그의 노래는 노래가 아니다.

2008. 5. 27.

어디로 가나
— 사람

잘난 사람은 명당(明堂)에 가고
못난 사람은 천당(天堂)에 간다고 한다.
높은 사람은 땅에서 살고
낮은 사람은 하늘에서 산다고 한다.

그러나 이곳 저곳 둘러봐도 갈 곳 없는
사람은 어디로 가나!
잘나지도 못나지도 못한 사람은,
높지도 낮지도 못한 사람은,
그런 밋밋한 사람은,

어디로 가나!
법당을 찾아가 물어보기도 하고,
교회당에 올라가 무릎꿇기도 하지만,
한 치도 알 수 없다.

어느 날 저잣거리를 지나는데,
등뒤에서 누군가 실없이 말한다.
살고 봐야죠!

쓰촨 지진이 올지도 모르는데,
살아날 궁리를 해야죠!

2008. 5. 18.

어린 사랑
— 사람

다섯 살밖에 안된 아이가
벌써 사랑을 안다.

먼지나 구름에 숨은 수상한 하늘엔
손바닥만한 햇볕이 기웃거리고,
거리마다 흔들리는 나무들,
어디나 걱정 아닌 곳이 없는데,

세상에 온 지 다섯 해밖에 안된
아이가 벌써 사랑을 이야기한다.
비틀비틀 굼벵이 기어가는 글씨로
사랑을 내세우며 편지를 쓴다.

…할아버지 사랑해요
김예림 올림

아직은 잎도 피우지 않은 애송이라서
발목에 바퀴조차 안 달렸는데,
어느 결에 어른처럼 참을 줄 모르고
사랑의 길을 거침없이 굴러다닌다. ☆

사랑은 울긋불긋 철쭉꽃이 아니고,
사랑은 지지배배 종달새가 아니고,
사랑은 산들산들 봄바람이 아니고,

사랑은 몸밖에 치장한 허세가 아니라
몸 속에 숨겨둔 진실이어야 한다고,
아이는 간절히 말하고 싶은 것일까.

사랑은 가뭄에 비내리듯 의롭고,
사랑은 어둠에 햇빛들듯 장하고,
사랑은 풀잎에 무릎꿇듯 겸손해야 한다고
아이는 자신만만하게 말하고 싶은 것일까.

이제 다섯 살밖에 안되었는데,
눈 깜짝도 않고 사랑을 말한다.

천년을 묵어도 만나지 못할
아이의 고운 숨결이,
내 몸의 억만 세포에 들어와
빙글빙글 웃으며 떠돌고 있다.

2009. 2. 25.

역설(逆說)
— 그릇된 문명

사진이 잘못 찍힌다.
몇 번을 다시 보고 골라서 찍었는데,
사물이 다르게 나온다.

산을 찍으면 산은 안 보이고 흙탕물 넘실대는
강이나 바다가 나타나고, 나무를 찍으면
웬일인지 돌이나 사람이 그려져 나온다.

아름다운 꽃은 구겨진 휴지로 변하고,
사람의 모습은 서슴없이 개나 돼지 울에서
낑낑대는 동물의 얼굴이 되어 나온다.

그래도 사진은 말이 없다.
사진기는 해명하지 않는다.
문명은 대답을 하지 않는다.

무엇이 잘못되었나.
욕심이 지나쳤나.
분수가 없어졌나. ☆

그릇된 문명에 목을 맨
세월의 모퉁이에서
나는 오늘도 외로움에 젖는다

2006. 1. 11.

열네 달 아이
— 도연에게

세상에 온 지 열네 달,
햇수로도 두 살밖에 안되어
하늘의 울 안에서 못 떠난
우리 집 둘째 손녀 도연이,

아직은 잎이 없다.
아직은 가지가 없다.
이제 겨우 뿌리만 움튼다.

세상에 아는 이는 저를 낳아 준
엄마 아빠뿐이라 그런지
온종일 비틀거리며
부모 꽁지만 쫓아다닌다.

언제쯤 커서, 제 몸으로 거듭나서
기나긴 세월의 등을 타고
고단한 세상살이를 시작할는지,

그 시절을 넘어다보니,
너무 멀고 아득하다.

2009. 10. 3.

열두 시를 지나서

— 예림에게

우리 집 예림이는 열두 시가 지나도 잠을 안 잔다.
진종일 저 하고 싶은 일 다 하고,
진력이 날만 한데도 잠자리에 눕지 않는다.
비디오가 열나도록 테이프를 바꿔 가며 틀고,
컴퓨터 노래방에 들어가서 춤추고 노래하고,
냉장고를 열어젖히며 이것저것 찾아 먹고,
지치면 낮잠도 한잠 푸욱 자고,
그러면서도 밤이 되면 저를 돌보아 주는
할머니 할아버지 사정은 조금도 하지 않고,
열두 시가 지나도 잠잘 생각을 않는다.
할머니 할아버지가 지쳐서 시들시들해도
그놈은 되려 눈빛처럼 반짝거리고,
할머니 할아버지는 이슥고 두 손을 비벼댄다.
자장자장 하며, 서투른 목소리로 노래도 불러 준다.
그래도 안 된다. 한 시도 좋고 두 시도 좋다.
할머니 할아버지의 가슴엔 걱정이 쌓이고,
우리 집 손녀 예림이는, 그 잘난 놈은 염치도 없다

2006. 4. 3.

외로운 빛
— 사람

저놈 잡아라! 뒤에서 누군가 고함친다.
그래도 눈멀었나, 귀 막혔나.
사람들은 뒤돌아보지 않는다.

그럴 줄 알고, 큰놈은 허공에 침 뱉으며
살아온 지 오래, 이미 만성이 된 터다.
세상이 뒤집혀도, 산천이 무너져도
큰놈은 걱정을 않는다.

안 되겠다! 밟아버려야겠다!
작은놈이 마침내 칼을 들자,
큰놈은 비겁하게 도망친다.
과연, 큰놈은 큰놈답다.

못났으면 못난 대로, 작으면
작은 대로 당당히 살자!
작은놈이 다짐하자,
하늘에서 쨍하고 빛이 솟구친다.

☆

작은 것을 위하여, 외로운 것을 위하여
하늘은 마음을 연다.

2008. 8. 1.

은사시나무
— 김삿갓 묘지에서

당신은 은사시나무다.
몸을 뒤척이면 금방 출렁거린다.
바람이 불면 찬란한 은빛 바다가 흐른다.

당신은 시다. 시는 이상의 숨결.
당신은 노래다. 노래는 순정의 불꽃.
당신은 술이다. 술은 고뇌의 눈물.

빛이 쓰러져 누운 아득한 어둠 저편에서
눈멀고 귀먹은 자 들끓는 허황한 거리에서
돌멩이들이 굴러다니는 가파른 언덕에서

당신은 술.
당신은 노래.
당신은 시.

술은 가슴에서 썩지 않는다.
노래는 길에서 사라지지 않는다.
시는 깊은 밤에도 눕지 않는다. ☆

죽장에 삿갓 쓰고, 어깨에 바랑 메고,
세상의 구름밭을 떠돌던 방랑의 시인이여.
오늘도 내 마음에 들어와 시 한 수를 읊는다.

2007. 7. 30.

익명의 친구
— 사람

선거 때마다 만났다.
잊었다가도 그때만 되면 찾아온다.
한 손에 텅 빈 가방을 들고,
또 한 손엔 비틀린 얼굴을 찍은 명함을 들고,
입에선 거침없이 선전구호가 쏟아져 나온다.

그의 가슴에 잠긴 바다와 육지는
언제나 허망하고 안타깝다.
바다엔 그물 없는 고깃배 줄지어 뜨고,
육지엔 가지 없는 나무들이 휘늘어지고,
허공을 좇는 산새들 물새들 떼지어 논다.

욕심이 산을 오르고, 허영이 하늘을 넘는다.
그의 가슴엔 울긋불긋 훈장이 달려 있다.
허리엔 해괴망측한 장도칼을 찼다.

그의 곁에 가면 이상한 냄새가 난다.
술 냄새, 똥 냄새, 돈 냄새, 바람 냄새,
눈에는 독기가 가득 서려 있어

눈길만 마주쳐도 소름이 끼친다.

오늘 아침, 어느 축제에서 그를 만났다.
그 자리에서도 개판을 칠게 뻔했다.
인사만 하고, 돌아섰다.

2007. 7. 14.

작가
— 사람

그가 왔다.
바람 불고 물결치는 산과 바다에, 날렵한 새와
미련한 지렁이가 함께 노는 너른 들판에,
틈새마다 상처들이 겹겹이 쌓인 험한 거리에,
낡은 옷 입고, 낯선 가방을 들고,

그가 왔다.
문밖은 아직도 서툰 비가 내리고, 가시돋친 나무와
이끼낀 돌멩이들이 득실거리고, 백년이 가도
변할 줄 모르는 천덕꾸러기들이 허둥거리는 곳에,
몸 씻은 자 옷깃 하나 보이지 않는 곳에,

그가 왔다.
신기한 깃발을 들고, 황홀한 꿈을 허공에 날리며,
사유(思惟)의 황제가 왔다.
마음의 산이 불쑥 솟았다.

무슨 일을 저지르려는 것일까.
산 것을 죽이고 죽은 것도 살리는

요술을 부려 보려는 것일까.
주인 없이 버려진 무주공산 찾아내어,
나무 심고, 꽃을 길러,
또다른 세상을 만들어 보려는 것일까.

그가 왔다.
작은 몸에 깡마른 팔목을 걷어붙이고,
한 손엔 원고지 가득한 가방을 들고,
또 한 손엔 생각을 담은 봉투를 들고,
마을 앞에서 누군가를 기다린다.

2008. 7. 17.

잔병(殘兵)
— 새의 이력서

낙동강 기슭에서 새 한 마리 꿈을 품고 살았다.
다른 새들은 큰바다 깊은 물 찾아 다들 떠났는데,
저만이 홀로 남아 갯벌에 버려진 시간을 쪼아먹으며
꿈을 놓지 않고, 가슴에 숨겨진 어둠을 강물에 씻었다.

생각을 만 섬은 지닌 새. 내 친구는, 천릿길도 단숨에 날으는 기찬 새였다. 그래도 그는 졸업장이 없다. 졸업 때까지 하루도 빠지지 않고 강의실에서 공부를 열심히 했고, 마지막 학기엔 경치 좋은 강화도 전등사로 졸업여행도 다녀왔고, 졸업 무렵엔 졸업사진도 찍었고, 점퍼 옷깃을 세우며 급우들과 앨범을 함께 만들었는데, 그는 왠일인지 졸업장이 없다. 학교 다닐 때, 강의실 앞자리에 앉아 목소리 높이며 작품 발표도 했고, 학교 신문이나 학회의 잡지에 작품도 실었고, 시화전이나 문학의 밤 행사에도 빠지지 않고 참석했고, 그러한 그를 학생들은 의심없이 믿어주고, 너나없이 알아주고, 교수님도 그를 보면 눈빛을 빛냈으며, 학교에서 문학상까지 받았는데, 그는 졸업장이 없다. 이상하지 않은가. 문제가 있지 않은가. 모두가 돈 때문이었다. 거기에 기고만장하며 객기를 부리던 젊은 혈기도 문제였다. 무엇을 믿었단 말인가. 무슨 풍선을 탔기에, 간이 얼마나 컸기에, 그처럼 위험한 장난질을 쳤단 말인가. 하긴, 그땐는 호랑이 담배 피우던 시절이었다. 누군가도 그랬다던가. 등록금 한 푼 안 내고서도 학교에서 할 일은 다하다가, 졸업 때가 다가오자 돈뭉치를 들고 와서 교무과 직원을 밖으로 불러내어, 몇년 간 밀렸던 등록금 계산하고, 담배값 좀 얹어주니 해결이 되었다던가. 그도 그래보고 싶었을까. 그만큼 스릴을 느끼게 하는 게임을 그도 한번 해보고 싶었을까. 그는 등록금을 내지 않고 당당히 학교에 다녔고, 남들이 하는대로 시험도 치르고, 리포트도 냈다. 아무 걱정이 없었다. 하지만, 막상 졸업할 때가 되어 밀린 등록금을 내려고 하니, 사정이 달라졌다. 돈은 그에게 큰산이 되었다. 큰산을 갑자기 어떻게 만든단 말인가. 시골 가서 부모님 속이고 논밭을 팔아올 수도 없었다. 덫이 너무 컸다. 손털고 돌아설 수밖에 없었다. 까짓, 졸업장이 없으면 어떠냐! 학교에 안 다녀도 출세하는 사람 많은데, 어쨌든 학교는 다녔지 않느냐! 대장부가 그런 일에 기죽어서야 되겠느냐! 그는 억지로 큰소리치며, 지난 세월을 뒤돌아보지 않았다. 하늘에서 내려준 길만 걸었다. 무심한 세월은 잘도 갔다. 그때마다 세월은 거친 돌이 되어 자꾸 발목에 걸렸다. 바람도 거셌다. 그는 자꾸 넘어지며, 또 넘어지며, 지난 일을 후회했다. 한번의 실수는 병가상사(兵家常事)라고 하는데, 그게 아니었다. 실수는 무서운 흉기가 되었고, 돌처럼 흔하던 선생이나 교수 노릇도 못하고, 박사도 못하고, 더 높고 곳으로 날아갈 꿈도 빼앗겨 버렸다. 등록금만 안 냈을 뿐인데, 졸업앨범도 버젓이 있는데, 세상은 알아주지 않았다. 그래서 오늘도 이력서를 쓸 땐, 가슴이 까맣게 탄다. 글씨를 쓴 손이 퉁퉁 붓는다. 보라, 그는 졸업장이 없다. 내 친구는 하늘에 날을 자격증이 없다.

낙동강에서 날아온 새가 한강에서 간신히 둥지를 틀었다.
강둑에 누운 큰고기 작은고기 주워먹고 용케도 잘 자라,
겉으론 다친 곳 없고, 오가는 길에도 바람이 없어 보인다.
그러나 날갯죽지 어딘가 상처가 남아 있어, 항상 아프다.

2005. 11. 22.

적(敵)
— 사람

처마 밑이나 발 아래
여기 저기, 늘
가까운 곳에 와 있다.

먼 곳에선 마음이 아무리 바빠도
해가 짧아 미치지 못할 터이니,
주저앉아 버리고,

가까이 더욱 가까이 다가와
무슨 일을 저지르려는지, 허겁지겁
시간의 모퉁일 뛰어다닌다.

매양 그런 너를 누가 반기랴만,
밖으론 새 옷 입고 분바르고
오늘도 새벽부터 기웃거린다

2008. 1. 20.

종점에서
— 사람

길이 막혀 교회를 못 간다.
문명이 자라면
하늘가는 길도 놓친다.

바다에 누운 생각들이
밤새워 출렁거려도
물새 한 마리 날지 않는다.
줄기마다 비꼬인 서툰 세상.

막장이다.
삽질 한 번 못하고 주저앉는다.
지나던 시간들이 되돌아서며
그럴 거라고, 껄껄 웃는다.

2009. 1. 25.

지구

— 사람

하늘에 오르면 세상이 잘 보인다. 모양 좋고 꼴 좋은 모습이 더욱 잘 보인다. 구름이 송이송이 지나며 눈짓으로, 볼 것만 보고 못 볼 것은 보지 말라고 이른다. 산은 온통 울퉁불퉁하고, 바다는 때도 없이 물결이 뒤집힌다. 세상이 평탄하다는 말은 거짓말이다. 세상이 아름답다는 말도 믿을 수 없다. 하늘에서 본 세상은 정말 꼴불견이다. 산은 바위, 돌, 바다는 파도, 소금물, 육지는 눈감고 귀 막아야 할 싸움터, 아수라장, 거리는 사람의 발길에 지쳐 있고, 걸핏하면 시샘이요 싸움질이다. 그래도 지구는 돈다. 아무 일도 없는 듯이, 우주 속의 둥근 섬은 천년만년 굴러간다.

2007. 6. 10.

지상에서
— 사람

〈하늘〉
부모의 손발인지 받침대가 서 있다.
가지마다 꿈들이 주렁주렁 열려 있다.
가까이 넘보지 못할 숨은 벽이 두렵다.

〈땅〉
떨어지고 눕는 일이 새벽부터 몰려든다.
가는 길 오는 길에 근심이 들끓는다.
눈뜨고 볼 수 없는 흉상들이 솟구친다.

〈바람〉
얼굴을 가리우고 세상 길을 걸어간다.
아까운 세월 뿌리치고 길목을 휘젓는다.
가진 것이 없으니 얻을 것도 없나보다.

〈시간〉
어제는 네가 죽고 오늘은 내가 산다.
하늘이 정한대로 토막토막 잘라낸다.
눈에 보이는 대로 쌍칼을 휘두른다. 2009. 7. 14.

지상의 시간
— 사람

큰애가 주저앉자 작은애가 달아난다.
아버지가 드러눕자 어머니가 일어선다.

보이는 길이 다르다.
이쪽은 찢겨지고 저쪽은 온전하다.

생각하는 마음이 다르다.
이쪽은 울퉁불퉁하고 저쪽은 울긋불긋하다.

시간이 얼굴을 가리며 숨바꼭질한다.
어둠에 홀린 자들이 창밖으로 몰려든다.

더러는 절뚝거리고,
더러는 비틀거린다.

어디서 쫓겨온 배가 바다에 가득 떠 있다.
세상을 실을 만큼 크다.

2009. 7. 13.

질투
— 사람

너는 나에게, 걸핏하면
늙어빠진 어린애라고 헐뜯는다.
백 년을 걸어도 몇 발짝 못 간 듯이
세월만 먹은 철부지라는 것이다.

나는 너에게, 심심하면
세살배기 늙은이라고 비아냥거린다.
사흘을 못 살아도 백 년을 산 듯이
덤벙거리는 허풍선이라는 것이다.

한쪽이 바람 빠진 풍선이라면
또 한쪽은 부서진 악기인 셈이다.
이렇듯 간악한 벽과 벽 사이에서
우리들은 용케도 살 비비며 살아간다.

막다른 종막에서도 물러서지 않고,
한 손엔 뾰족한 창을 들고,
또 한 손엔 시퍼런 칼을 들고,
서로가 서로를 향해 마주선다. ☆

누가 잘나고 누가 못났나, 어디 보자.
이름 모를 새들이 날아와 구경한다.
얼굴 없는 바람이 몰려와 춤춘다.
저 건너 바다에서 물결이 출렁인다.

2009. 5. 28.

짐

— 사람

시골길 거친 자갈밭으로
똥통을 실은 리어카가 어슬렁거리며
거추장스럽게 굴러간다.

도시길 번들거리는 아스팔트 위로
폐품을 실은 트럭이 기우뚱거리며
아슬아슬하게 달려간다.

이웃집 소문난 노랑이 할아버지가
평생 쌓아놓은 욕심을 버리고,
아예 숨조차 놓았는지,
영구차에 실린 짐이 되어
세상 밖으로 쫓겨난다.

짐은 해를 잡아먹는 어둠.
짐은 목숨을 빼앗는 전염병.
짐은 흉계를 꾸미는 악질.
짐은 하늘이 내버린 쓰레기.

☆

오늘은 짐이 누구의 등에 오를까.
누구의 두렵고 괴로운 것이 되어
꿈과 희망을 무너뜨릴까.

2008. 4. 23.

차이
— 사람

처음엔 구수한 냄새가 나지만
하루만 지나면 구린내가 진동한다.
앞동네 아저씨가 그분이다.

머리에 뿔나고, 가슴에 가시돋고,
찢어진 몸뚱이가 울타리에 걸려서
갈피를 못 잡고, 깃발처럼 펄럭인다.

왼손과 오른손 모양이 서로 다르고,
마음이 순간마다 구성지게 변하고,
어느 곳 하나 믿을 만한 게 없어
이웃들 가슴에 구멍을 숭숭 뚫는다.

살아도 산 목숨이 아니다.
굴러다니는 돌멩이다.

우리 집 예림이는 그렇지 않다.
마음이 물처럼 맑고, 가슴엔 꽃잎이 돋고,
물 속에 빠진 눈망울엔 별들이 솟아,

밤에는 반짝반짝 길을 비춘다.
무심코 내뱉는 말 한 마디도 금언이 되어
벽과 천장에 달라붙는다.

다섯살밖에 안된 아이인데도
어찌 그리 대견스러운지,
앞동네 아저씨와는 차이가 난다.

2008. 7. 21.

창밖에서
— 사람

잎으로 해를 가리며, 바람까지도 막아주며,
즐겁게 살던 나무가 벼란간 화를 낸다.

고운 옷도 벗어버리고. 가진 게 하나 없이
팔뚝만 드러낸 채 삿대질을 한다.

세월에 당한 모양이다.
모욕이 심한 모양이다.

그것도 모르고 사람들은 나무 밑에서
시시덕거리며 놀고 있다.
저네들 흉이나 보며 떠들고 있다.

2007. 12. 20.

틈

— 사람

방 안의 창문 사이, 책상의 서랍 사이, 지붕의 기왓장 사이, 처마의 연목 사이, 장롱의 옷가지 사이, 부엌의 그릇 사이, 창고의 물건 사이, 담장 너머의 손댈 수 없는 미궁 사이.

그 사이에 숨겨진 낡은 물질, 끊어진 줄, 잘려진 생각, 종이, 연필, 칼, 톱, 못, 망치, 라이터, 지갑, 도장, 사진, 인형, 그들이 먼지를 쓴 채 숨어서 태평스레 누워 있다. 언젠가 머리맡에서 사라진 후 흔적도 없더니, 능청스럽게 쿨쿨 잠자고 있다.

그들이 무슨 일을 저지를지 불안하다.
숨은 곳에 누워 날마다 음모를 꾸미다가
어느 날 벌떡 일어서 세상거리에 나타나
무슨 행패를 부릴지, 은근히 걱정이 된다.

당해 본 사람은 안다.

2009. 8. 21.

천재
— 사람

천재는 신기한 것 같아도 신기하지 않다.
천재는 위대한 것 같아도 위대하지 않다.

천재는 수천 년 지나도록 서툰 짓하며
제 몸의 정체도 모르고 허둥지둥 떠돌다가
이제야 겨우 사다리 같은 도형을 그리며
'인간 게놈'을 알아냈다고 큰소리친다.

천재는 쉽게 만들어진다.
부모와 선생이 손만 잡으면 된다.
큰 가방 들고 바다 건너 유학 가서 학위를 따면,
세간의 질서나 허례허식을 버리지 않아도
오메가처럼 정밀하게 천재가 되어 돌아온다.

천재는 그래서 미련하다.
자연의 법칙과 순환의 원리와 바람의 숨결과
해 뜨고 달뜨는 우주의 질서가 한결같고
세상 모두의 어제와 오늘이 한 치도
다르지 않음을 깨닫지 못한다. ☆

하지만 천재는 삶의 이치를 안다.
세월이 가면 늙지 않을 수 없는 것을 안다.
백 년을 못 넘기는 목숨도 안다.
몸 속에 담긴 창자들이 조금이라도 상처나면
병원으로 달려간다는 것도 안다.

천재여, 우쭐거리지 말라.
마음을 낮추고 고개를 떨구어라.
너의 지혜가 하늘의 눈꼽만큼 되겠느냐.
하늘의 기쁨이 너의 손톱만큼 되겠느냐.

2008. 9. 17.

코드와 비코드
— 사람

코드는 낯설지 않다. 하늘과 땅은 코드가 맞아야 새가 날고, 싹이 돋는다. 전기도 코드가 맞아야 빛이 들어온다. 음식은 코드가 맞아야 맛이 나고, 일에도 코드가 맞아야 신이 난다. 코드는 정의요, 사랑이다. 코드는 화합이다. 코드는 음모를 꾸미지 못한다. 코드는 속을 드러내고, 남보란 듯이 떳떳이 산다. 고개를 갸웃거리는 사람들이 물러가고, 주위에 환호하는 사람들이 몰려든다.

그러나 비코드는 낯설다. 비코드는 불의요, 편견이다. 비코드는 탐욕이다. 마음이 어둡고 비뚤어지져 있다. 남을 속이고 거꾸러뜨리며, 삼척동자가 아는 일도 주머니에 숨겨 놓고, 의혹을 산더미처럼 부풀린다. 교활하고 음흉한 자들이 주위에 들끓는다. 식탁에서 구미에 맞는 음식을 고르듯, 그들은 멋대로 편을 가른다. 얼굴에 가면을 쓰고, 이 길 저 길을 떠돌며 비리를 위해 음모를 꾸민다.

비코드, 가면 쓰고 음모를 꾸미는 자.
갈 길이 험하고, 앞이 보이지 않는다.
금세 덫에 걸리고, 재앙이 몰려온다.

목이 잘리고 뼈가 부서진다.
걱정이로다. 걱정이로다.

그러나 코드를 만드는 자는 염려 없다.
앞만 지키지 말고, 뒤도 지키면 된다.
앞에서 호랑이가 달려들고, 뒤에서 이리떼 몰려들어도
겁내지 않고, 당당히 맞서면 된다.
저들이 제풀에 넘어지고, 바람도 잔잔해지거든
그곳에 꽃을 심고, 푯말을 세우면 된다.
훗날, 사람들이 몰려와 이를 기념하리라.

2006. 8. 23.

팔촌 형님
— 사람

팔촌 형님은 미남이다.
코가 크고 어깨가 넓고 살결이 구릿빛이다.
어느 여자든 그를 보면 꼼짝 못하고 엎드린다.
빨간 스카프에 선글라스를 쓴 여자들이
군침 흘리며 아침부터 몰려와 줄을 선다.
누구 손을 잡을까, 형님은 그게 고민이다.

형님의 여자는 어쩐 일인지 오래 가지 못한다.
어느 땐 며칠을 못 가서 어디론지 달아나 버린다.
빨간 스카프와 선글라스를 문 앞에 걸어 놓고
형님이 사준 신발도 슬그머니 벗어 놓고,
여자는 다시는 안 보일 곳으로 이슬처럼 사라진다.
허영을 담은 가방을 들고 바다를 건너온 사람들도
가방을 내던지고, 침 뱉으며 형님 곁을 떠난다.
형님은 그런 일을 당해도 해 지기 전에 잊어버린다.
마을 사람들이 길목에 모여 깔깔거리며 웃어댄다.

형님은 미남이다. 왕관을 쓴 사슴이다.
첫눈에 반하지 않을 사람은 없다.

그러나 안을 들여다보면, 굴삭기로 땅을 파듯
몸속 깊이 파들어 가면, 형님은 아득한 허공,
썩은 냄새만 몰실몰실 솟아오른다.
무엇이 옳은지 그른지 분간을 못하고
어둠 속에 갇혀도 어둠인 줄 모른다.
형님은 그래도 잘났다고 우쭐거린다.
형님은 제비족, 건달, 바람잡이, 성도착자.
눈 밝은 여자는 귀신처럼 알아챈다.

팔촌 형님이 구름 위를 둥둥 떠돈다.
눈 밝은 여자는 떠났지만, 그렇지 못한
여자들은 오늘도 줄줄이 몰려든다.
정신 못 차린 사내들도 가방 들고 몰려든다.
언제 벼락맞을지 모르지만, 그래도 형님은
허공에 헛발질하며 걱정없이 살아간다.

2008. 4. 14.

표식
— 사람

나뭇잎이 피었다
지는 사이,
땅 한 평 일구려고
곡괭이를 들었다
놓는 사이,

보이는 것
다 지나가고,
남은 것 없이
다 사라지고,

표식 한 점,
희미한 생애의
표식 한 점,
여기
찍혀 있네.

2008. 4. 14.

할머니와 통일
— 사람

인적 없는 외진 길가에 할머니가 또 온다.
할머니는 오늘도 무엇이 서럽고 원통한가.
세월이 가혹하여 허리가 멍에처럼 굽었어도
마음은 옛날로 남아, 눈동자가 별처럼 반짝인다.
처마 밑을 적시던 눈물은 이제 메말랐지만
목소리는 여전히 날카로워 바람을 자른다.
할머니는 듣는 사람이 없어도 독설을 퍼붓는다.
할머니가 퍼붓는 말은 오늘도 그 말,
수십 년 이어오는 그 말이지만,
한 번만 들어도 가슴이 저려온다.

할머니는 잠만 들면 꿈속에서 통일을 본다.
사상과 이념이 갈라진 남북이 사라지고,
갈등과 반목에 아롱진 동서가 사라지고,
막힌 길과 뒤틀린 생각과 개똥같은 욕심이
사라지고, 오로지 즐거움만 남은 통일.
할머니는 꿈속에서 통일을 보며 만세 부른다.

통일은 하나다. 하나는 진리다.

통일은 희망이다. 희망은 숨결이다.
통일은 사랑이다. 사랑은 자비다.
통일은 화합이다. 화합은 용서다.
통일은 평화다. 평화는 번영이다.
통일은 겸손이다. 겸손은 덕이다.
통일은 회개다. 회개는 반성이다.
통일은 절제다. 절제는 인내다.
통일은 단결이다. 단결은 믿음이다.
통일은 운명이다. 운명은 하늘이다.

세월이 지나간 자리에 이끼가 닥지닥지 꼈다.
슬픔에 젖은 이들도 어디론가 살며시 떠나가고,
희미한 그림자만이 눈앞에 어른거린다.
얼마나 많은 세월이 흘러버렸는데,
할머니는 아직도 그 자리에 앉아 있다.
천 년이 지나도 이대로 살겠구나.
통일이 돼야 물러서겠구나.
그때에야 마음을 풀겠구나.
그러나 비무장지대엔 아직도 철책이 서 있고,

이따금 총 소리가 난다.
능선 끝엔 아직도 '전쟁 중'이라는 팻말이
보이지 않게 걸려 있다.

2005. 10. 22.

하늘 산
— 사람

산을 오른다.
하늘 곁에 있는 하늘산을 오른다.
골짜기마다 새와 짐승들이 운다.
외롭고 괴로워서 목놓아 운다.
곁에서 나무들도 따라서 운다.

하늘의 바람이 휘익, 하고 한번 지나자
산이 휘청거리고, 산 구석 어디선가
낄낄거리며 놀던 멍청이꽃들이
소스라치게 놀라며 목 떨어진다.
꽃잎들이 우수수, 산 아래로 날아간다.
바위틈에 숨었던 돌멩이들도 덩달아서
데굴데굴 굴러내린다.

욕심이 몸 밖으로 넘쳤던 게지.
땅은 모르고 하늘만 알았던 게지.
귀신도 아니면서 천기(天機)를 넘보다니,
바보가 아니면 할 수 없는 일이지.
떨어져 죽지 않은 게 다행이지.

☆

일혼도 못된 사내가 어찌 산을 알까.
사는 법을 얼마나 깨우쳤을까.
몇날 며칠을 눈뜨고 누웠다가
오늘에야 비로소 잠에 빠진다.

2009. 7. 3.

현해탄 돌멩이

— 사람

일본에 놀러갔다가,
후쿠오카 서북쪽 겡까이나다 현해탄에서
돌멩이 하나를 주웠다.

무슨 의미가 있으랴만, 무심코 주웠다.
그런데 웬일인가, 그 돌멩이에서 소리가 났다.
숨가쁘게 쫓겨가고, 쫓겨오는 발자국 소리!

산너머 강건너 멀리에서 포탄 터지는 소리 요란하고,
문 밖에서 세상을 무너뜨리는 우레 소리도 들렸다.
짐승인가 사람인가, 무엇인가 서럽게 울어댔다.

현해탄을 건너 내 집에 돌아오자, 그 돌멩이는
돌연 새가 되었다. 밤에는 꿈속에서 하늘을 날고,
낮에는 지쳐서 잠을 잤다.

돌멩이야, 너는 누구냐.
왜정 때 현해탄에 몸을 던진 내 누이더냐.
일본도에 목이 잘린 내 아저씨더냐. ☆

왜놈들 등살에 시달려 파리만도 못하게 살다 간
내 이웃의 피맺힌 원한이더냐, 저주의 넋이더냐.
너의 정체는 대체 무엇이냐.

현해탄의 돌은 돌이 아니다.
그 돌에는 저승새가 숨어 있다.
밤에는 하늘을 날고, 낮에는 잠을 잔다.

2007. 6. 28.

하늘의 시간
— 사람

지상의 골짜기에 흐르는 100년 세월이
하늘에선 '순간'에 지나지 않는다고 한다.

이승의 100년이란 기나긴 세월도
한 생애가 굽이굽이 출렁이는 1세기도
하늘의 시계로는 한 순간밖에 안된다는 것이다.

하루살이도 아닌 '순간살이'의 존재,
세상의 모든 것들은 이만큼 작은 것이란다.

그러니 정신차리고 살아갈 일이다.
괜히 남의 뒤통수치거나 이웃집 담 넘다가
거꾸러질 일이 아니라,
옳은 일 층층이 쌓으며 꿋꿋이 살아갈 일이다.

한 순간도 100년으로 여길 수 있도록
긴 여운을 남기며, 아름답게 살아갈 일이다.

언젠가 세상 떠나서 하늘가는 날, 후회하지 않도록.
가슴 치며 눈물 흘리지 않도록.

2009. 3. 20.

환절기
— 사람

죽는 것도 철이 있는가.
가는 날도 정해져 있는가.

어제는 아랫집 친구가 별안간 떠났는데,
오늘은 윗집 아저씨가 슬며시 눈감는다.

눈에는 보이지 않아도 바람은 불고 있듯이
봄 여름 가을 겨울,
꽃피고 꽃 지는 삶의 뒤편에서
누군가 고요히 칼을 휘두르고 있다.

그러나 저승길로 들어선 빈소에 가면
웬일인지, 눈감은 자는 웃고 있다.
서로가 헤어지고 있는데, 다시는 못 올
곳으로 멀리멀리 떠나가고 있는데,
슬프지도 않은지 활짝 웃고 있다.

살아온 일이 얼마나 괴로웠기에,
걸어온 길이 얼마나 힘들었기에,
저리도 편안히 가고 있다.

2008. 9. 12.

환승
— 사람

북적거리는 인파 속에 길이 있다.
너는 이쪽으로,
나는 저쪽으로,
저마다 가야 할 길이 따로 있다.

서울의 동대문운동장역에는 2호선, 4호선, 5호선이
연달아 있고, 종로3가역에는 1호선, 2호선, 3호선이
지하의 한 울에서 다정히 손을 맞잡고 지낸다.
그뿐이랴. 서울의 땅 속에는 지하철이 거미줄처럼
뻗쳐 있어, 저마다 숨죽이며 설움을 삼킨다.
그곳엔 어디나 환승역이 붙어 있다.

환승구도 뻥뻥 뚫려 있다.
어디로 갈 것인가. 어느 곳이든 길은 있지만
제가 가야 할 길은 모두 다르다.
제 길을 가야 집이 있고, 제 가족이 있고,
제 먹을 밥과 누울 자리가 있다.

북적거리는 환승역 앞에서

나는 오늘도 멍청히 서 있다.
"이젠 저쪽으로 가세요!"
그런 소리가 금방 들릴 것만 같아
몸이 자꾸 움츠러든다.

2008. 8. 29.

| 시인의 산문 |

문학은 숙명이다

문학은 숙명이다

김년균

문학은 나에게 숙명이었다. 어렸을 때 나는 책 읽는 어른들을 좋아했다. 특히 산천에 눈이 쌓인 겨울밤이면 어른들은 어김없이 우리집에 모여들었다. 인정 많은 어머니께서 밤참을 만들어 주었기 때문이다. 어른들은 심심풀이로 책을 읽었다. 「춘향전」, 「심청전」, 「장화홍련전」, 「흥부전」 같은 고전들이었다. 노래를 부르듯이 목청을 돋우며, 구성지게 책을 읽노라면, 시간이 가는 줄도 모르고 새벽을 맞곤 했다.

나는 그때 막연하게나마 '문학'에 대한 그리움과 동경을 갖게 되었다. 중학교에 들어와서는 누님이 머리맡에서 김래성의 「애인」, 박계주의 「순애보」, 이광수의 「흙」, 심훈의 「상록수」 등을 읽어 주었다. 누님은 어찌나 입담이 좋던지 이야기들이 가슴에 속속 들어왔다. 그래서 '문학'이란 게 얼마나 재미있고 감동적이며, 가슴 설레게 하는 것인지를 깨닫게 되었다.

고등학교 때는 아예, 나 자신이 작가나 시인이 되고 싶었다. 시집 한권 분량의 원고를 만들어 인쇄소에 찾아간 일도 있었다. 그러나 인쇄소에서 돈을 너무 많이 달라는 바람에 포기하고 말았다. 그 무렵, 학교 교지에 짤막한 소설을 발표하기도 했다.

고3 때는 아예, 지리산 탑전으로 들어갔다. 여름방학 때였지만, 고3이라서 입시가 코앞에 닥쳤으므로, 보통 용기로는 가당치 않은 일이었다. 오랑캐 같은 빈대 때문에 한 달 정도밖에 못 지냈지만, 빈대가 아니었더라면 학교조차 그만두었을지도 모른다. 어쨌든 그 짧은 기간에 1,117매 분량의 소설을 썼다. 작품의 내용이 문제가 아니라 그만한 분량의 원고를 썼다는 데서 나는 지금도 남다른 긍지를 느낀다.

대학교는 지방의 상대를 지원하여 합격했으나, 아버지가 갑자기 뇌졸중으로 쓰러지자 입학을 포기하고 군대에 들어갔다. 그런데 신기한 일이 생겼다. 근무할 부대가 꿈에서나 보았음직한 멋진 곳이었다. 상사(장교)는 시나리오를 쓰는 분이었고, 사병 중엔 문학을 하는 사람도 있었다. 근무하는 사무실에 창고가 있었는데, 그곳은 책 읽고 소설쓰기에 더없이 좋은 공간이었다. 나는 그곳에서 책도 읽고 소설도 썼다. 그중의 어떤 작품은 서울의 유명한 문학지에 투고하기도 했다.

군대생활을 마칠 무렵, 나는 문학을 전문적으로 가르치는 대학에서 공부하고 싶었다. 고향에 있는 선배에게 편지하여 그 대학에 입학원서를 제출해 달라고 부탁했다. 그 선배 역시 문학청년이었으므로 나의 부탁을 뿌리치지 않고, 서울을 오가며 입시 수속을 밟아주었다. 그런데 걱정이 생겼다. 서울에 올라가 시험을 치를 시간이 없었다. 제대 특명을 받아 놓았으니 휴가를 낼 수도 없었다.

용기를 내어 행정과장을 찾아갔다. 시나리오를 쓰는 그분이었다. 그분은 나의 사정을 듣더니 "매우 중요한 일이구나. 시험 잘 치르고 오라." 면서 어깨까지 두드려주셨다. 감격적인 순간이었다. 나는 곧장 서울에 올라와 시험을 치렀다. 그때, 면접시험 시간에 있었던 일이다. 나는 시험관인 김동리 선생님 앞에 섰다. 실제로는 한 번도 선생님을 만나지 못했지만, 신문에서 자주 보았으므로 금방 알 수 있었다. 선생님께선 군복을 입은 나를 관심 있게 보더니 "왜 문학을 하려고 하는가?" 하고 물었다. 나는 미리 준비한 말도 아니면서 "선생님이 추천위원으로 계시는 문학지에 작품을 응모했는데 읽어 보지 않으셨나요?" 하고 당돌하게 대답했다. 그러자 "나가 봐!" 하고 선생님은 더 물을 것 없다는 듯이 내보냈다. "이놈은 뭔가 할 놈이야!" 하고 생각하셨을까. 아니면 "건방지다!" 고 생각하셨을까.

나는 합격을 했다. 고향의 어머니께 전보를 쳐서 입학금을 내달라고 했다. 그러자 서울이 어디에 붙어 있는지도 모르는 어머니께서는 돈가방을 끌어안고 생전 처음으로 서울에 오셨고, 먼 친척집을 찾아가 부탁하여 가까스로 입학금을 내었다.

제대하고 서울에 와서 자취방 하나를 얻은 나는 황홀할 지경이었다. 밤낮없이 소설을 썼다. 하룻밤에 한편을 써내기도 했다. 그것이 김선생님의 마음에 들었던 모양이었다. 학교에서 유망한 학생에게 주는 '문학상'을 내게 주었다.

고향에 계시던 아버지가 타계하자 나는 한해동안 고향에 내려가 농사를 지었다. 서울에 다시 올라와 문협 이사장인 김동리 선생님께 안부전화를 드렸더니 "너 지금 뭘 하고 있나?" 하고 묻기에 "놀고 있습니다." 고 대답했더니, "다음주 화요일에 문협 사무실로 와라.” 그러셨다. 그래서 얻은 직장이 한국문인협회(월간문학) 편집기자였다. 앞자리엔 이문구 씨, 옆자리에 양인자 씨가 앉아 있었다. 거기서 3년을 지냈다. 그 동안 나는 선생님의 주례로 결혼을 했고, 문단에도 등단했다.

그 후로 선생님께서 이사장을 그만두는 바람에 잠시 떨어져 있었으나, 이문구 씨를 내세워 『한국문학』을 창간하자 다시 함께 지낼 수 있었다. 나는 『한국문학』에서 편집장으로 10년 넘게 일했고, 교과서 회사(지학사)로 직장을 옮겨 ‘오늘의 세계문학’, ‘한국문학총서’ 등 교양도서와 학생들의 독서교육 잡지인 『독서평설』 등을 만들기도 했다. 문학사상사로 가서 전무이사와 편집인을 지내기도 했다. 그리고 2001년, 나는 첫 직장이기도 했던 한국문인협회로 되돌아왔다. 30년만이었다.

이곳에서 나는 사무국장, 편집국장, 부이사장 등을 지냈고, 지금은 이사장으로 일한다. 그러므로 한국문인협회는 나에게 있어서 첫 직장이자 마지막 직장이 된 셈이다.

문학은 구원의 빛이다. 문학이 있음으로 하여, 인간의 심성이 아름답고 향기롭게 다듬어지고, 세상도 지혜롭고 평화롭게 발전한다. 그러한 문학과 함께 지낸 생애, 특별하지 않은가. 그러니 나에겐 문학이 숙명일 수밖에 없다.

(독서신문 2009. 7. 19.)

김년균 '사람' 연작시집_ 숙명

초판인쇄 | 2009년 10월 10일
초판발행 | 2009년 10월 20일

—

지은이 | 김년균
발행인 | 황송문

—

펴낸곳 | 문학사계사
주소 | 서울시 영등포구 문래6가 56-1
미주프라자 B-102호
전화 | 016-561-5773
팩스 | 02-2637-9759
이메일 | songmoon12@hanmail.net
등록 | 2005년 9월 20일 제318-2007-000001호

—

값 7,000원

—

배포처 | 자유문고(02-2637-8988)